「すごい面談®」

1回30分で人と会社が変わる 最強のコミュニケーション術

西 博史 著
Nishi Hiroshi

同友館

はじめに――「人は変われる」ということを証明する

「人は変わらない！」というけれど本当でしょうか?

揺るぎない土台とスタンス、必要な考え方とスキルを併せ持った人物が、適切な頻度で、適切な関わりを繰り返し行えば、人を必ずより良く変化させることができます。

このことを誰もが再現性高く実施でき、誰もが効果を発揮できるようにするために作られたのが「すごい面談®」という面談技法であり、その「すごい面談®」を身に付けた「面談士®」という資格です。

本書は「面談士資格取得講座」という講座で実際に行われたやりとりを土台に、面談（対話）に必要なスタンスや考え方、スキルやセンスを伝えると共に、受講生が何に気付き、どのように変化成長していくのかを明らかにしたものです。

実は、私は20代後半から30代にかけては、今で言う「パワハラ」体質でした。

さすがに殴りはしませんが、机を叩く、イスを蹴る、大声で威嚇する、近くの物を放るのは当たり前で「なんでこんなこともできないのか！」といつもイライラしていました。

「どうやったら周りが自分の思った通りに動くのだろう」といつも悩んでいるような人間でし

た。

今の時代なら一発アウトです。

また、答えがなかなか見つからない中で、周りの人間が犯罪に手を染めて収監されたり、お金を持ち逃げされたり、先物取引で大きな損失を出したりと散々な目にも遭いました。

「あなたにはできない人の気持ちが分からない！」と言われて心が離れていった人もいれば、中には失踪して自殺未遂を起こす部下も現れるに至って、ようやく「今のままの自分ではダメだ！」「こんなことを続けていたら最悪、人を死に追いやってしまう！」と気付いたのが39歳の時でした。

その後、人材育成に関する本を見つけて読んでは試してみたり、コーチングやカウンセリングやＮＬＰを学んでは試してみたりしましたが、上手くいったりいかなかったりで、確実に「これは！」というものは見つけられませんでした。

ところが、前職の外資系の生命保険会社が推奨する面談手法があって、それだけでは上手くいかなかったけれど、学んでいたコーチング、カウンセリング、ＮＬＰなどの要素を付加して実施してみると少しずつ変化が見られるようになってきました。

思いのほか部下との関係性が良くなり、相手のパフォーマンスが上がってイライラしてパワハラ行動に出ることもなくなりました。部下の個々の強みを活かして活動のサポートが軽やかにできるようになってきたのです。

ふと思うことがあります。

20代後半から30代に掛けてのパワハラ体質だった自分に、もし「すごい面談Ⓡ」を通して繰り返し関わりを持ってくれる人がいたら…。

本当に辛くてもがき苦しんだ時代があるから、今こうして「すごい面談Ⓡ」を皆さんにお届けできるようになりましたが、同じ苦しみや絶望は皆さんには必要ありません。

是非、本書で面談（対話）の必要性とスタンス、スキルを身に付け、人とのコミュニケーションや部下育成を軽やかに進めていきましょう！

目次

第1講　「すごい面談Ⓡ」が企業経営に必須となる背景

「すごい面談Ⓡ」の説明に入る前に、経営者にとって面談というものがなぜ必要なのか、現代の企業を取り巻く環境を認識するところから、考えていきたいと思います。

本書では、中小企業の代表として、介護事業を展開するA社長、フィットネスクラブを経営するB社長に受講生になっていただき、一緒に学んでいきます。

本講では、特に、既存社員と信頼関係を構築し、能力を高め、生かしていく必要性を充分に認識していただきたいと願っています。

本講の目的

・企業経営と面談の関わりを知る
・特に面談が活きる、既存戦力レベルアップの重要性を理解する

1. 企業を取り巻く環境 ～社長・幹部社員に必要な5つの視点～

みなさんが考える「社長・経営幹部に必要な5つの視点」を挙げてみてください。特に正解はありませんので、思いつくものを書き出していただければ結構です。

【A社長、B社長は？】

A：**1. 営業力、2. 採用力、3. 商品力、4. 開発力、5. 財務力**、です。

経営者としてまず必要と思っているのが、営業力と採用力です。また、商品力もないといけませんし、その商品の利益率を高めるための開発力も必要です。そのためにはいろいろな投資も含め、社員を守るための財務力も必要だと考えています。

B：**1. 利益・収益体質、2. 従業員の育成、3. 商品設計、4. 諦めない気持ち、5. クリエイティブな発想**、です。

1点目、やはり企業としては、「利益・収益」があるというのが大前提だと思います。2点目、自分の課題でもある「従業員の育成」です。「自分ひとりで」というよりも「チームとして」会社を機能させることが重要だと考えています。3点目、そもそもどういった商品・サービスを設計するのか、やはり誰かの悩みとか課題を解決できてこそ存在価値があるので、しっかりとした「商品設計」が大事だと思っています。４点目、「諦めない気持ち」です。５点目、「クリエイティブな発想」です。特にこれからの時代は正解がないことが多いと思うので、柔軟な発想で取り組むことが大切だと感じています。

いいですね。どれも間違いではありません。すべて正解だと思いますが、ちなみに私の考える５つの視点は次の通りです。

社長や幹部社員が考えるべき5つの視点

①ビジネスモデルの構築
②財務基盤の強化
③人・組織の活性化
④統治基盤の安定化
⑤自分自身の成長

①ビジネスモデルの構築

営業力も、商品力も、開発力もこの中に含まれると思います。経営者は、まず、ビジネスをどのように構築して、どのように売上を上げていくのか、考えていなければいけません。

Bさんの3点目「商品設計」はこの「ビジネスモデル構築」に関わってくると思います。

マーケティング、新商品開発、コロナ禍などをきっかけにした事業ドメインの再構築など、売上を上げていくために必要なことは、すべてこの中に含まれます。

ちなみに、先ほどAさんが「営業力」と書きましたが、この「すごい面談Ⓡ」は、私が外資系の生命保険会社で支社長をしているとき、営業力強化のために実施していたものがベースになっています。ですから、当然、営業力を高めるためにも使えますし、実際に営業マンが顧客と交渉するときにも使えます。「すごい面談Ⓡ」は「ビジネスモデルの構築」のうち、特に「営業力強化」に対して効果的なのです。

なお、売上を上げることはもちろん重要ですが、経営者としては、「利益＝売上－経費」ですので、経費削減についても、必ず取り組むようにしてください。

また「すごい面談Ⓡ」は、社内で新商品開発をするときのブレーンストーミングや、発想を引き出すためのファシリテーションにも活用できます。

②財務基盤の強化

キャッシュが回らないと、会社は必ず潰れます。経営者としては、必ず、融資も含め、銀行対策などの「財務基盤の強化」をしないといけません。Ａさんの「財務力」、Ｂさんの「利益・収益体質」はこれに該当すると思います。

経営者としては、資金繰り対策、キャッシュフロー改善、銀行との交渉などに取り組み、必ずキャッシュが枯渇しないようにしてください。その際、銀行との交渉事、融資交渉、会計事務所との打ち合わせなど、人とのコミュニケーションを取る必要が出てきますが、「すごい面談Ⓡ」にはそんな場面でも必ず役立つ技術や考え方が網羅されています。

③人・組織の活性化

「すごい面談Ⓡ」は、この項目において最も活躍します。先ほど、Ａさんが「採用力」をあげていましたが、どの企業でも人手不足が問題になっています。大企業なら多くの応募者の中からセレクトして優秀な人材を採用することができますが、中小・零細企業では自社に合った人材の採用が非常に難しい状況です。経営者として、優秀な社員を採っていく採用力、自社の戦略に沿った人材の育成力、ミッション・ビジョン・バリューに沿った人材育成ができる組織力、適材適所の配置、組織構築（チームビルディング）など、考えるべきことがたくさんあります。

コラム

ミッション・ビジョン・バリュー

【ミッション（Why）】企業・組織が社会に対してなすべきこと、なぜそのビジネスを行っているのか、企業の存在意義、不変、恒久のもの、輝き続けるもの、北極星。

【ビジョン（What）】企業・組織の理想像、中長期的な目標、ミッションを実現するためにどんな状態になるべきか、会社が目指すべき理想の姿、段階や時代にあわせて変わる。

【バリュー（How）】ミッションやビジョンを達成するための具体的な行動指針、行動基準。どのように目指すのか、目標を達成する手段、会社が大切にする価値観や行動指針。

④統治基盤の安定化

ここには「株の安定保有」や「内部管理体制（いわゆるコンプライアンス）」などが含まれます。その他、不正会計、情報漏えい、セクハラ、パワハラ、各種テロ、災害や事故に対するＢＣＰ（事業継続計画）、各種リスクマネジメントなど、経営者として非常に注目すべきテーマが続出しているところです。

最近、特に、内部告発や個人情報漏洩、各種ハラスメント、サイバーテロ、品質不正などの事象が頻発しています。これらのリスクを未然に防ぐとともに、起こってしまった事故のダメージを最小限に抑え、今後の再発防止を徹底することが重要です。

そのためには、個々の社員の業務内容から日頃の言動、態度まで、ふだんから十分に情報を把握していなければ、リスクのありかはもちろん、事故によるダメージを見積もることもできず、ダメージコントロールや再発防止なども不可能です。そこで「すごい面談®」が必要になるのです。

⑤自分自身の成長

Bさんのあげた「諦めない気持」や「柔軟な発想」はここに入ります。

経営者、経営幹部としてのスキルアップ、マインド醸成を、ぜひ進めてください。ご自身の成長が会社の経営に非常に大きく影響を与えることは実感されていると思います。常に、経営者として、成長を目指していただきたいと思います。

2. 人・組織を取り巻く厳しい環境

次に、「人・組織を取り巻く厳しい環境」について、考えていきましょう。

どんなことがあるでしょうか。これも5つ、書き出してみてください。5分間でお願いします。

先ほどは「企業が置かれている環境全体」でしたが、今回は「**人・組織に関して**企業が置かれている環境」を挙げてください。競合や物価上昇や破壊的イノベーションも企業が置かれている厳しい環境ですが、「**人・組織に関する環境**」ではありません。これも特に正解はありませんので、ご自身の考えをお聞かせください。

【A社長、B社長は？】

A：**1．労働人口の減少、2．給与、3．職場の人間関係、4．多様性（LGBTQ）への対応、5．組織の統合**、です。

日本の「労働人口」がどんどん減っています。「給与」が上がらないことも関係があると思いますが、「職場」で心がすさんでいる人が多いと実感しています。近年社会課題となっている「多様性への対応」については、今後、改革しなければならないと思っています。また、40～50代以上と20～30代との感覚が全然違うので「組織の統合・調整」が難しいと感じています。

B：**1．退職リスク、2．賃金、3．労働人口減少、4．多様性への対応、5．働き方改革**、です。

社員が辞めてしまうという「退職リスク」とそれに伴うコスト、これはけっこう大きな問題だと思っています。次に「賃金」です。日本ではまだまだ低く、海外に働きに行ってしまう人もいるぐらいですから、企業としては非常に大切な課題です。そして「労働人口減少」です。ますます生産性を最大化させる必要性が高まってくると考えています。「多様性」については、障害者も男女も年齢も人種も含めて、グローバルで重要な課題になってきたと感じています。最後は「働き方改革」です。世の中には「毎日は働きたくないという人」もいるので、その人たちも活用するには「週４日勤務」という選択肢もあった方がいいと考えています。

それでは、私が考える「人・組織に関する厳しい環境」をお伝えします。

人・組織を取り巻く厳しい環境

①採用の難しさ
②既存社員の退職
③働き方改革、リモートワークによる影響
④社会保障費の増大
⑤訴訟リスクの増大

採用が難しくなかなか人が入ってこないにも関わらず、既存の社員が辞めています。しかも、残っている方に対しては、働き方改革やリモートワークの影響によるコミュニケーション不足対策、労働時間が短くなる中での生産性向上策などの対応をしていかないといけません。その上、賃金にも関係してきますが、社会保障費が毎年上がっています。ボディブローのように固定費が積み上がっています。そのほか、人を介して企業が訴えられるリスクも増大しています。

この5つを詳しくご説明します。なお、先ほど、お2人から出た「多様性への対応」はこれからますます重要になりますので、今後はそれも加えて6つにしてもいいかもしれません。

①採用の難しさ

有効求人倍率1・29倍（令和5年度平均、厚生労働省）

完全失業率2・6％（令和5年度平均、厚生労働省）

採用が大変難しく、費用もかかる時代になりました。とはいえ、誰でもいいというわけにはいきません。自社のミッション・ビジョン・バリューに必要な人材を採用したいということになると、なかなか見つかりません。見つけるには費用もかかります。人材紹介会社に頼めば給与の3ヶ月分以上、手数料を請求されます。人材紹介会社のＴＶＣＭが頻繁に流れ、人材の流動性は高くなっていますが、求める人材を採用するのは困難です。

【A社長、B社長は?】

A：採用は本当に難しいと実感しています。正社員も非常勤社員も必要なのですが、応募者が高齢化し困っています。働きたい若者は一体どこにいるのだろうと不思議に思っています。とはいえ、まだ社内の受入体制も整っていないので、新卒採用は時期尚早と考えています。

B：うちは求人情報サイトで募集するときに応募要項を工夫して作り込んだことが功を奏したのか、良い人材を採用することができました。

Aさんが言われた通り、人材を採用するためには、評価、報酬、教育など社内体制の整備が必要ですが、中小企業はそこまで手が回らないのが実状ですね。

②既存社員の退職

新卒就職後3年以内離職率は高卒38・4%、大卒34・9%（令和3年3月新規学卒者、厚生労働省）

全体平均離職率は15・4%（令和5年、厚生労働省）

人材の流動性が非常に高まっています。新卒3年以内の離職率が30％を超え、社員全体の離職率も約15％となっており、7人いれば1人が辞めている計算です。しかも、優秀な社員ほど辞めると言われています。

【A社長、B社長は？】

A：以前は入れ替わりが激しかったのですが、最近は落ち着いてきました。ところが「これからは仲良しグループではなく、組織としてきちんとやっていく」という経営方針を打ち出したところ、また退職者が出てきました。

B：今のところ退職者はありません。以前、正社員候補で採用した方が能力不足だったので、こちらからお断わりしたことがあるくらいです。

新しい経営方針を打ち出していく中で、会社の方針やミッション・ビジョン・バリューに合わない人が離れていったのであれば、問題ありません。むしろ良い流れだと思います。ただ会社の方針に賛同しているにも関わらず辞めたいという場合は、できるだけ引き留めてください。

既存社員が退職する1番の原因は「待遇などの条件面ではなく人間関係」という調査結果があります。人間関係は、従業員同士の場合もあるし、経営者と従業員の場合もあります。人間関係を改善し、会社にとって必要な人材の退職を阻止するには「すごい面談®」が有効です。

さて、突然ですが、次の数字は何でしょう?

350万円

これは、年収400万円の社員が1名辞め、代替の人材を外部から採用するとした場合の損失を推定したものです（マイナビ中途採用状況調査2017年度）。

1. 採用にかかる広告費　約20万円
2. 人材紹介会社への紹介料　約130万円
3. 採用に関わる人件費　約20万円
4. 入社に際して必要な備品などの経費　約20万円
5. 研修費用およびそれに関わる人件費　約10万円
6. 前任者と同等になるための人件費　約30万円
7. 前任者との給料の差額　約50万円
8. 退職者の非稼働、有給消化コスト　約40万円

9．業務引き継ぎコスト　　　　　　　　約２０万円
10．引き留めコスト　　　　　　　　　約１０万円
合計　　　　　　　　　　　　　　　約３５０万円

退職したときに被る損害額を合計すると、ほぼ年収分ぐらいの費用がかかります。ぜひ、頭に入れておいてください。新しく人を採用することも大切ですが、会社の方針に沿って一緒にビジョンを達成していこうという社員がいるなら、絶対に手放さないようにしてください。

③働き方改革、リモートワークによる影響

・残業時間の規制（通常月45時間、年間３６０時間、最大月１００時間、年間７２０時間）
・同一労働同一賃金
・年５日間の有給休暇取得
・リモートワークに伴う、社員の管理やコミュニケーション不足の問題

残業時間の規制が厳しくなりました。本人が働きたくても働かせることができない時代です。

また、同じ仕事をすればアルバイトでも同じ賃金を払わないといけない「同一労働同一賃金」の

原則も浸透してきています。年間５日の年次有給休暇の取得も義務化されました。限られた時間の中で生産性を高めていかないと仕事が回りません。リモートワークに伴う社員の管理やコミュニケーション不足の問題は、コロナ禍が落ち着いてきたにも関わらず、引き続き、大きな課題となっています。

さて、お二人の会社ではどんな感じでしょうか。

【A社長、B社長は？】

A：うちは、平均残業時間月10時間未満ですが、１人だけ１００時間近い人がいます。何年も本人と話し合いを重ね、新たに人を採用して残業を削減することになったのですが、採用した人が辞めてしまい、新しく募集しても人が来ないため、改善されないままになっています。今年中に特定技能の外国人を採用しようと計画しています。

B：コロナ禍をきっかけにリモートワークを導入していましたが、今は元に戻しています。これからは、子育てとの両立をめざし、リモートワークを復活させることを検討しています。

ここでまた問題です。次の数字は何でしょう？

３３５万円

従業員30名、平均月収30万円の企業が、仮に、１人あたり月５時間残業した場合の年間残業代の金額です。残業を減らして同じ売上を上げれば、当然、残業代の削減分だけ利益が増える計算になります。もし、10年間にわたって社員の退職や残業時間を削減できれば、莫大な利益を確保できるのです。

経営者としては「社員の退職や残業時間は極めて高くつく」ことを肝に銘じておいてください。

採用コスト：年間３５０万円×10年＝３５００万円
（年収４００万円の社員が毎年１人辞めて代替の人材を外部から採用する場合）
残業コスト：年間３３５万円×10年＝３３５０万円
（従業員30名、平均月収30万円、１人あたり月５時間の残業をした場合）
10年合計：６８５０万円

もし10年間、社員の退職や残業を抑えることができればこれだけの資金を残すことができるのです。

④社会保障費の増大

健康保険料
厚生年金保険料
介護保険料（ここまでは労使折半）
雇用保険料（企業側の割合が多い）
労災保険料（企業側が全額）

社会保障費が実際にどのくらいかかっているのか、給与以外にどれぐらい払っているのかご存じですか。約1割～1割5分だと思います。給与が30万円だと社会保障費は5万円くらいです。人を1人が増えれば当然社会保障費（固定費）も増大し、ボディブローのように効いてきます。人を1人雇うと大変なコスト高になるのです。一人ひとりのエンゲージメントを高め、生産性を向上し、企業に貢献する人材を育てていくことが、非常に重要です。

コラム

エンゲージメント

「エンゲージメント」とは、本来「契約」「約束」という意味。ビジネスでは、従業員の会社に対する「愛着心」や「思い入れ」をあらわすものとして使用されることが多い。従業員一人ひとりが組織に愛着を持ち、従業員と企業が一体となってお互いに成長し合い、絆を深める関係。エンゲージメント向上は、離退職の防止、貢献意欲や業績・生産性の向上につながるとされ、重要な経営課題の一つに位置付けられている。

⑤訴訟リスクの増大など

個人情報漏洩
各種ハラスメント
各種テロ
不正会計や横領
労災など

企業が「人を介して」訴訟に巻き込まれるリスクが高まっています。

個人情報の漏洩が大きな問題になっています。これはサイバーテロによっても起こりますが、ここでは個人の不注意で個人情報が洩れることを指しています。意図的な持ち出しは論外として、カバンや携帯の中にある顧客情報が紛失や盗難によって外部に漏れるケースが頻発しています。

各種ハラスメント、パワハラ、セクハラ、それ以外のハラスメントも増えていますが、これらもすべて「人を介して」行われています。

サイバーテロは外から来るものですが、その対策ができていないところが非常に多いのです。バイトテロは、報道でも一時頻繁に取り上げられていましたが、これも「人を介して」行われるテロ行為です。

不正会計や横領は問題外ですが、これもすべて「人を介して」行われるものです。

労災事故は不注意によって起こるものも多々あります。企業側はその対応を万全にしておく必要があります。

では、このような厳しい環境の中で、皆さんなら、どんな手を打てばいいと思いますか？

【A社長、B社長は？】

A：入社3年目の離職率や社会保障費、残業時間、残業代などのKPIを設定し、現在の自社数値を把握して、改善に向けて手を打っていきたいと思います。

B：正解がない中、社員が社長や周囲の人間に安易に答えを求めがちになるので「自分で考え、自分で行動し、自分で結果を作り出す自律・自立型社員」を育てていきたいと考えています。

企業、特に、人と組織を取り巻く環境は、ますます厳しさを増しています。人手不足が深刻化している現在、安易に新規採用に走る前に、まずは既存社員を活かすことを考えるべきです。そのためには、ふだんから、できる限り社員の情報を把握し、彼らが成長する支援をしていかなければいけません。これから習得していただく「すごい面談®」が、必ずその一助になると確信しています。

大事なこと

人を採用するのは困難、人が辞めるのは大きな損失
安易な新規採用よりも、既存社員の活性化に取り組みましょう

第2講 「すごい面談Ⓡ」を成功させるベースとは

「すごい面談Ⓡ」を成功させるためには、まず「場づくり」「スタンス」「スキル」を身につけていただくことが前提になります。このベースがなければ、いくらテクニックを学んで実行しても、面談はうまくいきません。それが「すごい面談Ⓡ」です。

本講の目的

・「すごい面談Ⓡ」の流れと何を実現するものなのかを理解する
・面談前の場作りとスタンスの重要性を理解する
・「すごい面談Ⓡ」に必要なスキルを知る

1. 再現性高く効果的な面談が可能！　簡単6STEP面談法

具体的には、「すごい面談Ⓡ」を構成する6STEPに基づいて、進めていきます。

「すごい面談Ⓡ」とは、

自ら考えて行動し、意図する結果を作り出すことができる自律・自立型の社員を育てるための面談　です。

STEP1　事前準備
STEP2　事実確認／原因のヒアリング
STEP3　期待値の伝達／理想像のすり合わせ
STEP4　方法論の検討
STEP5　助言の提供
STEP6　計画の策定

STEP1「**事前準備**」

その人に紐づいている文書や観察して得られる項目、会話を通して得られる項目、それらをすべて準備し、現状を客観的に把握できる資料を作成します。その上で、その人が今後どんな行動をとっていけばいいのか、どんな育成をすればいいのか、この面談の中で設定していきます。

文書というのは、新入社員だったら履歴書、実際に仕事をしてからの実績など、紙やデータで残っている文書、その人に紐づいた記録のことです。

観察して得られる項目というのは、表情や態度など、その人を見ていることで得られる情報のことです。できる限り記録して残していきましょう。

会話を通して得られる項目というのは、その人から直接会話を通して得られる情報だけではありません。他の方からも会話を通して「あの人は最近こういう状態だ」「こんなことで悩んでいる」「こんな事件があった」といった情報が入ってくるかもしれません。それも全部、記録しておきます。

STEP2「**事実確認／原因のヒアリング**」

現状を把握できる資料を本人に見せ「今こんな状態だと捉えているが、間違っていないだろうか」と確認します。その上で、そんな状態になっている原因をヒアリングしていきます。

この原因をできるだけ多く引き出す中で、本人に自分の実績、現状、問題点などを認識してもらいます。こちらもそれを聞き取りながら、この人が資料通りの状態か確認し、できれば新たな情報も入手します。「なるほど、そういうことがあったから、今こういう状態なんですね」といった新情報が得られるかもしれません。とにかく事実確認。原因のヒアリングをしっかりやってください。

STEP3「期待値の伝達/理想像のすり合わせ」

こちら側から「あなたにはこういう状態になってほしい」という期待値を伝えます。「こういうところに到達してほしい」と期待するものを伝えるのです。

ただし、こちらの期待値だけ伝えても、相手がそれを望んでいるのかどうか、わかりません。そこで、相手の理想もきちんと聞いて、相手の理想とこちらの期待値をきっちりすり合わせし、ゴールを設定していくのです。この「すりあわせ」をきちんとやっておかないと、相手は自ら動くようにはなりません。

STEP4「方法論の検討」

現状からゴールに向かうために一体何をすればいいのか、本人自身に考えさせ、その考えを話してもらいます。このとき、面談している側が先回りして、「このゴールに行くには、これとあれとそれをしたらいい」と言うのはタブーです。すぐ指示したり、方法論を教えたりしてしまうと「自律・自立型社員」に育っていきません。相手自身に考えさせ、できる限りたくさん相手から引き出すようにしてください。

STEP5「助言の提供」

方法論が大量に出てきた時点で初めて、それに補完するような形で「これもしてみたら、もっとうまく、もっと早くゴールに近づく」というプラスアルファのアドバイスをしてください。

方法論がたくさん出てきた後なので、「相手が自分自身で決めたことの方が、プラスアルファのアドバイスよりもはるかに多い」という状態になっているはずです。相手の決定事項に加えて、少し補助的な助言をするだけなので、相手は決してこちらからの「指示命令」とは感じません。あくまで「自らが考えたことを中心に計画を立てた」という認識になっているはずです。

STEP6「計画の策定」

方法論として本人が出したこと、助言を受けたこと、そのすべてを含め、具体的に次の面談までの間に、「誰が」「何を」「どのように」やっていくのか、具体的な「計画の策定」をします。

そして、次の面談まで、随時、その行動をしっかりフォローし、チェックしていきます。

「すごい面談Ⓡ」では、この6STEPをできれば30分以内ですべて完結させます。面談が終わったとき「私は、このゴールのために、この時期、こういう行動を、こんなふうにやっていけばいいんだ」と本人が明確なイメージを持っている状態にしてください。


社長や幹部社員が「すごい面談Ⓡ」を身につけると、次のような効果が期待できます。

- **社長、幹部社員自らが社員を育てることができる**
- **経営戦略に沿った人材育成ができる**
- **社員との信頼構築が図れ、エンゲージメントを高めることができる**
- **効果測定ができ、研修費用も抑えられる**

社長や幹部社員の方が「すごい面談Ⓡ」を身につけると、誰かに任せるのではなく、自分自身で社員を育てていくことができます。

次に、会社には必ず「ミッション・ビジョン・バリュー」があると思いますが（なければぜひ策定してください）、その自らが立てた経営戦略に沿った人材育成ができるようになります。外部に任せて人を育ててもらうと、少なからず自社の戦略と違うことを教えるケースも出てきます。この面談では、自社戦略に基づいた人材育成戦略に則って人材を育てるので、当然、その戦略に合致した「自律・自立型社員」を育てることができるようになります。

自らが育てるので、その社員との信頼関係も強固になります。会社に対するエンゲージメントも高まります。

効果測定もできるので、研修費用の節約につながるというメリットもあります。

2. 面談でやってはいけない3つのタブー

ここで、「面談でやってはいけない3つのタブー」を説明しておきます。

> **面談でやってはいけない3つのタブー**
> ①色眼鏡をかけて社員を見る
> ②感情的に問題点だけを指摘する
> ③改善に向けた行動を直ぐに指示する

①色眼鏡をかけて社員を見る

いわゆる「レッテル貼り」です。私たちは、一人ひとりの社員に対して、今までの実績や観察を通じ、「だいたいこんな人間だ」という評価・判断を既に持っています。そこには、自分の好き嫌いや仕事の実績などが反映されています。

もし、そのような先入観を持ったまま（色眼鏡をかけて）面談をすると、その色眼鏡というフィルターを通した情報しか入ってこなくなり、その人の本当の正しい姿を見ることができなくなります。

まずフィルターを外し、ニュートラルな状態で見るようにしてください。何度も訓練すれば、できるようになります。要は、どんな人でも、今がプラスマイナスゼロの状態だとして、よりプラスの状態にするためにどうすればいいか、というスタンスで見ることです。

逆に、悪いレッテルではなく、良いレッテルを貼っている場合もあります。たとえば、良いレッテルを貼って「あの人は何も言わなくても大丈夫だ」と放任してしまっているようなケースです。それも問題です。なぜなら、さらに良くなる可能性を潰しているからです。今良い状態だったとしても、そこをプラスマイナスゼロと考えて、そこからよりプラスの状態に持っていけるようにしてください。

悪いレッテルも良いレッテルも貼らず、あくまでニュートラルな状態でその社員を見るようにしてください。

②感情的に問題点だけを指摘する

これをすると、人によっては攻撃的に返してきます。逆に少し弱い人だと、萎縮してしまって何も話せなくなります。どちらにしても、面談がそこで「壊れて」しまいます。事実は事実としてこういう問題が起こっているということは伝えないといけませんが、決して感情的にならず、淡々と話すようにしてください。「感情」は、表情や態度、言葉、目力、声のトーンなど、どこかに必ず出てしまいます。客観的な事実だけを冷静に伝え、絶対に感情的にならないようにしてください。

③改善に向けた行動をすぐに指示する

「すごい面談Ⓡ」は、人材を「自律・自立型社員」に変えていくためのものです。すぐに指示命令してやらせきるということをしている限り、自分で考え、自分で行動し、自分で結果を作り出す「自律・自立型社員」にはなっていきません。

面談のとき以外は、いくら指示命令してもかまいません。すぐに改善しなければいけない点は、叱ってでも改善させてください。何か危険が迫っている場合、本人に考えさせる時間がなければ、強い口調で注意をし、改善を促しましょう。

ただ、この面談のときだけは、必ず、本人自身にどうすればいいのかを考えさせるというスタンスで臨んでください。「自律・自立型人間」を作るためには必須のことです。

3．ここまでのこだわりが必要！　面談の目的別「場づくり」とは

「すごい面談Ⓡ」の6つのSTEPの具体的な説明に入る前に、その大前提となる、きわめて重要な「場づくり」「スタンス」「スキル」について説明しておきます。まず最初にお伝えしたいのは「場づくり」です。

【A社長、B社長は？】

ここで、AさんとBさんにお聞きしていきましょう。「場づくり」というのは、どんなことだと思いますか？

Ａ：「空気作り」のことでしょうか。やはり、面談ですので、話しやすいとか、プライベートな事柄が漏れることはない、聞いている側が絶対口外しないといった、信頼感のある「空気」だと思います。

とてもいいところを突いていますね。Ｂさんはどうでしょうか。

Ｂ：まず場所が、周りが気にならない密室というか、プライベートな空間を作れる場所が必要だと思います。あとは雰囲気的なところも大事だと思います。こちらの表情や、全体的な空気感ですね。

どんな空気感ですか？

Ｂ：本音で何でも言えるような空気感、という感じでしょうか。信頼関係が前提で、雑談ベースで談笑できるような空気感がいいのかなと思います。

いいですね。それでは「場づくり」の説明をしていきましょう。

面談をどんな目的でやるとしても、必ず「この面談の時間は自分の利益のためだけにある」と思ってもらえるような空気感、「場づくり」をしてください。「面談する側のため、会社のためではなく、面談されるその人がより良くなるためにやる」という空気感が必要です。

決して「私が困るからあなたと面談する」とか「会社が困っているからあなたと面談する」というのではなく（事実としてそれがあったとしても）、面談の場では「自分のためにやってくれている」と本人が思うように「場づくり」をしてください。

お二人から出た通り「この場所は自分にとって安全で、何を話しても安心できる、どんなことでも話しておこう」という空気感を作り上げてください。信頼関係をしっかり構築し「言ったことが外部に漏れる心配がないと確約されている」という安心感、空気感を醸成しましょう。

安心安全な場づくりのためには、面談相手との日頃からの信頼関係が非常に重要になります。その信頼関係を構築した上で、面談のときには特に、非言語情報（ノンバーバルコミュニケーション）に十分注意してください。

メラビアンの法則によると、人が情報を得るのは、視覚が55％、聴覚が38％、言語は７％だそうです。

コラム

メラビアンの法則

アメリカの心理学者アルバート・メラビアンが発表した、コミュニケーションに影響を与える情報についての法則。

メラビアンは、実験により「相手への影響力は、言葉以外の視覚・聴覚情報のウエイトが、言語情報に比べて圧倒的に高い」と提唱した。

具体的に言うと、第一印象に影響をもたらす情報は、見た目や表情などの「視覚情報」が55%、話し方や声の大きさなどの「聴覚情報」が38%、話の内容といった「言語情報」が7%の割合だとしている。

なお、この法則は、相手にとって言語・聴覚・視覚のイメージが矛盾した場合に、どの情報が優先されるか調べたものであり、無条件に「話の内容より、見た目が重要」と言っているわけではない。

面談される側は、最初に視覚から入ってくる情報で、そこが安全安心な場かどうか、瞬時に判断します。面談の最初に相手を迎える表情や態度、そこで与える印象がきわめて重要です。次いで聴覚から入ってくる情報、声の質やトーン、強弱が重要です。ここで詰問調になったり、威圧的な言葉を出したりすると、面談される側は「ここは安全安心な場ではない」と即断してしまいます。最大限の注意を払ってください。

そして、何よりも「相手の成長を願う強い気持ち」を持ち続けていることが、決定的に重要です。

それは必ず空気感に表れます。先ほど、どんな人でも、今がプラスマイナスゼロの状態として、よりプラスの状態に持って行くために関わろうとするのが「すごい面談®」だという話をしました。心の底から本気でそのスタンスを持ち続けていれば、自然に「安心安全な空気感」は醸成されます。

座る場所や向き（スティンザー効果を活用する）

90度（L字型）や120度（斜向かい）などに座り、真正面を避ける

座る場所や向き

90度（L字型）や120度（斜向かい）などに座り真正面を避ける

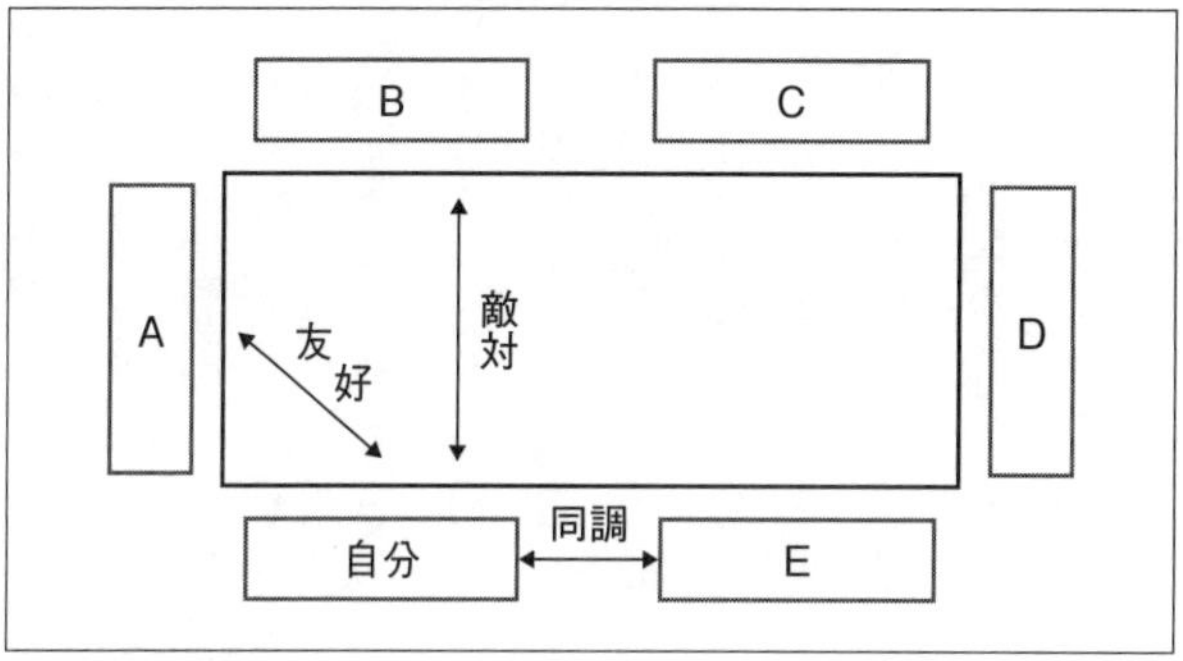

　自分が左下にいるとして、面談相手にどこに座ってもらうのか、目の前（B）か、90度（L字型）や120度（斜向かい）（AやC）か、横（E）かによって、全く相手に与える印象が変わります。

　基本は「カウンセリングポジション」と言われている斜向かい（AかC）がおすすめです。リラックスしやすい位置と言われ、ビジネスシーンの面会や商談でよく使われています。

　正面、目の前の位置（B）に座るのは「対面法」です。対立しやすく緊張しやすい場所です。

　相手に、対立・緊張・圧迫感・真剣さという心理的効果を与えます。横の位置（E）に座るのは「平行法」です。親密な関係を構築しやすい場所です。

　相手に、同調・協調・親密感・愛という心理的効果を与えます。

コラム

スティンザー効果

アメリカの心理学者ジェームズ・C・スティンザーが、小集団における心理的効果・原則を研究し発見した原則。

・あなたの正面に座る人は、あなたに敵対的であることが多い
・斜め前に座る人は、敵でも味方でもなく、リラックスしやすい
・横に座る人は、親密性が高くなり、味方になりやすい

他にも、次のような興味深い知見が発表されている。

・自分の意見の後で発言する人は反対意見を言う可能性が高い
・強いリーダーの下では隣の人と話をし、弱いリーダーの下では正面の人と話す

それでは、この座る場所や向きについて考えてみましょう。たとえば、コンプライアンス違反や何か大きな問題を起こした人と、面談をしなければいけないとしたら、どこに座ってもらいますか？　お二人は、いかがでしょう？

【A社長・B社長は?】

B：僕なら、Aの位置に座ってもらいます。本当はしっかりと注意をしないといけないのでしょうが、注意はするとしても、一方的に注意をして突き放すというよりも、まずは違反をした事実を理解してもらい、今後どう対策をとるのか、寄り添う形で面談できたらいいと思います。

A：私は、意図的か事故的かによって、座る位置が変わると思います。意図的だったら敵対のBに座らせ、何が起きているか、まず事実だけ確認します。事故的な場合には、事実を事実として理解してもらうために、友好的なAに座りながら聞き出そうと思います。

その通りです。同じコンプライアンス違反をした事案であっても、その事案の内容や、相手がそれをどう受け止めて今どんな状態なのかによって、座る位置や面談の仕方は変わってきます。

たとえば、意図的で、やったことを悪いと思っておらず、うそぶいたりごまかそうとしたりしているのであれば、Bにすわらせ圧をかけて向き合う必要があると思います。

本当に今回起こしたことをとても反省し、会社に損害を与えて問題が起こったことを非常に後悔し、責任を取って会社を辞めようとしている人と面談する場合は、Aを飛び越してEに座ってもらい、本当に大丈夫だからと寄り添う方がよいと思います（Eのポジションは、「愛のポジション」「同調のポジション」と言われています）。横に座ってお酒でも飲みながら話をするとか、そんな場づくりも必要かもしれません。

少し極端な例でしたが、場づくりや座る位置は、相手の状況や面談をする目的などを考え、どういう位置関係がどのような印象を相手に与えるのか理解した上で、決めていきましょう。

特に敵対的な対応も同調的な対応も必要ないときは、基本、AかCの「カウンセリングポジション」に座ってもらいます。圧をかけたり、真剣さを伝えたりしたいときには、対立しやすく緊張しやすい状態を作るため、敵対的な正面（B）に座らせます。もっと親密感を持ってその人と目的を共有したいときには、Eのポジションに座ってもらって話をしましょう。

場作りの際には、その都度よく考えて、座る位置を決めてください。

コラム

パーソナルスペース

人には、目に見えない自分の感覚として、他者に侵入されると不快に感じる空間があり、それをパーソナルスペースと呼ぶ。

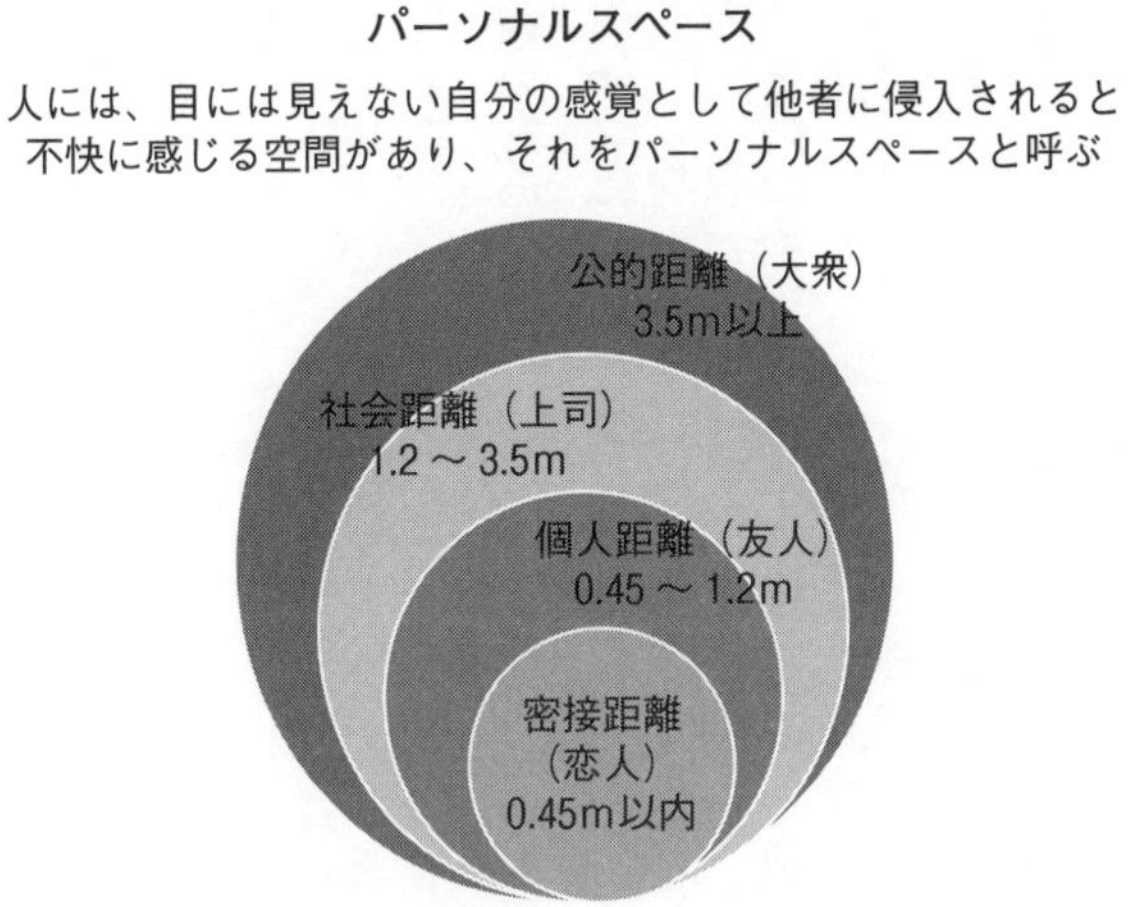

上の図では、恋人や友人、上司、大衆など、いろいろな関係性における距離感を記載していますが、人によってこの距離感も異なります。同じ社内で全く距離感が違う方もいるので、どれぐらい距離を空けて座るのがよいか、面談の前、相手ごとに考えておいてください。

ただ、距離が遠いと話が伝わりにくくなるので、ぜひ色々な方と何回も面談を重ね、試行錯誤しながら適切な距離感をつかみ、身体に沁み込ませていってください。

まず、自分の感覚を大切にしてもらいたいのですが、相手にも相手独自の感覚があることを理解しておいてください。

4．面談前に持つべきスタンスとは？　これがない面談は悪影響でしかない！

「スタンス」とは「場づくり」をするために必要な「立ち位置」です。「やってはいけない3つのタブー」の中にも出てきましたが、一番重要なのは「面談前から色眼鏡をかけて社員を判断評価しない」ことです。

とはいえ、わかっていても気がついたら評価判断してしまっていることがあると思います。それをできるだけなくせるようにトレーニングしてください。人間ですから、感情もあるし、好き嫌いもあります。勝手に「仕事ができる／できない」の判断も下しています。少なくとも面談のときには、できるだけそれをせず、ニュートラルに見るというスタンスを持ってください。これは本当に難しいのですが、トレーニングして身につけるしかないと思います。

そのためには「相手の成長を願う強い気持ちを持つ」というその一点に尽きると思っています。

色眼鏡というのは、悪い評価はもちろんNGですが、良い評価ばかりというのも、関わりとしては間違っています。良い評価ばかりの色眼鏡で見てしまうと、その人をそれ以上伸ばすことができなくなるからです。どんな状態の人でもより良くなるということを信じ、今がプラスマイナスゼロとして、それよりもプラスに持っていくための関わりをするというスタンスを持ち続けてください。

5．効果的な面談のためのスキルを身に付けよう！

次に説明する「面談のための７つのスキル」は、ぜひこの講座の中ですべて身につけていただきたいと思っています。

1番目「ラポールを築くスキル」

面談の冒頭で、その人との信頼関係、親和感を作り上げていくものです。

2番目「質問のスキル」

質問を通じて現状把握をしたり、相手から色々な方法論を引き出したりするものです。非常に重要です。どんな質問をしたらどんな形で返答が返ってくるのか、体感を通して身に付けていただきたいと思います。

3番目「ヒアリングスキル」

これが一番のキモです。正しくヒアリングするためにはどうすればいいか、お伝えします。

4番目「要約のスキル」

相手が面談の中で話した言葉、伝えたいことを言い換えてまとめ、それを双方が理解するというものです。

5番目「期待値の伝達スキル」

現状があってゴールの設定をするわけですが、そのとき「私としてはこうなってもらいたい」というゴールをどのように設定するのか、期待値のレベルをどこに設定するのか、期待値の内容をどう決めていくのか、これは非常に難しい問題です。

期待値が高すぎると、相手は「超えられない壁」と感じてしまうし、低過ぎると、相手はやる気になりません。そこをどのように決めていくのか、それをどう伝えたら人はやる気になるのか、そのゴール設定の決め方と伝え方を学んでいただきます。

6番目「沈黙を活用するスキル」

面談では、考える時間を与えることがきわめて重要です。実際にやってみると、頭ではわかっていても「待てなくなってしまう」人が非常に多いというのが実態です。沈黙が怖くなるんでしょうか、次に進もうとしてみたり、先に答えを言ってしまったりして、沈黙を活用できず、相手の話を引き出せない方がとても多いのです。

7番目「目標設定と計画策定のスキル」

たくさん方法論が出てきて、こちらも「助言の提供」をした上で、その中からどれを選択し、「何を」「どの時期に」「どのように」やっていくのか、短い時間の中で設定し、実際に行動に移してもらわないといけません。このスキルは、最後の非常に重要なポイントです。

この7つのスキルを、数多く面談するなかで実践し、頭で理解するだけではなく「センス」として血肉化してください。

①ラポールを築くスキル

「ラポール形成」という言葉を聞いたことがありますか？　相手との架け橋を作っていくということです。相手の中には、すぐ本題に入ると反射的に身構えてしまう人もいます。まず、この面談が「安全・安心・自分のため」にあることを実感してもらう必要があります。最初は、相手がリラックスできる、親和感を持ってもらえる話題で場をなごませ、場が温まってから本題に入るようにしてください。

コラム

ラポール

心理学用語で、人と人の間で、心が通じ合い、互いに信頼し合い、相手を受け入れている、調和した関係、心的融和状態のこと。フランス語で「橋を架ける」と言う意味がある。もともとは、心理療法や調査・検査などで、面接者と被面接者との関係について言う。

【A社長・B社長は?】

【YESセット】

YESと言いたくなる質問を最初に3回投げかける

効果:相手の緊張を解き、場を和ませる

B:「YESと言いたくなる質問」というものがよくわかりません。

「こう質問したらきっとYESと言うだろう」という質問です。

Ａ：たとえば、相手との関係性がマイナスからスタートする面談と、ゼロやプラスからの面談があると思いますが「マイナスをイメージした状況でイエスを３回繰り返させる」ということですか？

そうではありません。どんな状態の人でも、こういう質問をしたら相手は必ず「そうですね」と言ってくれる、そんな質問をするということです。

Ａ：たとえば「今日はいい天気ですね」というようなことですか？

その通りです。「今日はいい天気だったね」と言えば、相手は「いやそんなことはないです」とは言わないじゃないですか。

Ａ：「事実のみを言う」ということですか？　晴れている日に「今日は天気ですね」とか、雨の日なら「今日は雨ですね」という感じで。「そうですね」と言わざるを得ないような質問をする、ということですね。

そうです。他にどんな質問があると思いますか?

B:似たようなことですけど「暑かったね」とか「今日は忙しかったね」みたいなことですか?

そうそう。事実として忙しかったのであれば「別に全然忙しくないですよ」とは言わず、必ず「YES」と言います。この「YESセット」というのは「そうですね」と言ってもらえればそれでいいんです。それだけで相手の緊張感や場の空気が変わります。実は、このYESセットは、3回ではなく1回だけでも効果があります。でも、できれば3回、色々な質問を投げかけた方が、より場がなごみます。

時事ネタでも天候でも何でもかまいません。事実として起こっていて、誰もが知っている、誰もがそう認識している、そんなことをあえて問いかけて、相手にYESと言ってもらいましょう。これをするだけで場がなごみます。すぐ本題に入らず、できる限りこの「YESセット」をやってみてください。

たとえば、まず「お子さん、今年から小学校だね」と聞いて「YES」と答えたら、今度はその子供について色々と質問してみてください。

【A社長は？】

次に、こちらが関心を持ったことを褒め、それについて質問してみてください。相手は非常にリラックスするはずです。たとえば「Aさん、かなり良い色に日焼けしているね、何かスポーツでもやったの？」と質問すると「実はゴルフに行ったんですよ」と返してもらえると思います。

本当に関心を持ったことや気づいたことを伝え、褒め、そのことについて質問をすると、まず興味を持ってもらったことに対して良い反応が返ってきます、そして褒められたことや関心を示された内容について答えることで、さらに気分を良くしてくれます。そのため、後の面談展開が非常にスムーズになります。

A：そういえば、取引先の営業さんが来ると本当にそんな感じですね。たいてい《リラックストーク》的な話から始めています。その話が長引いてしまい、こちらから逆に「ところで今日は何をしに来たの？」と尋ねるくらいです。

そうだと思います。Aさんも「すごい面談Ⓡ」を始める前に、それを意識して実践し、相手がどう変わるか、ぜひ反応を見てください。

この《リラックストーク》は「面談のためにやらなければいけないこと」と思って意識しすぎ

ると、ぎこちなくなります。まず、面談のことは横に置き、心から相手という人間に関心を持ってください。そうすれば素直に興味を惹かれることが必ず出て来ます。それを話題に出し、できるだけ相手にしゃべってもらうようにしましょう。自然に「ラポール形成」がうまくいくようになります。ぜひ、やってみてください。

【リラックストーク】
・相手の関心事を話題にして、オープンに話してもらう
・こちらが関心を持ったことを褒め、それについて質問する
効果：褒められたり関心を示された内容について答えることで気分が良くなり、先の展開がスムーズになる

②質問のスキル

質問には2種類あります。クローズド・クエスチョンとオープン・クエスチョンです。

【クローズド・クエスチョン】

相手が「はい、いいえ」の二者択一や、「A or B or C」の三者択一などで答えられるような回答範囲を狭く限定した質問。短く質問し、短く返してもらう。

・相手が答えやすい
・質問者が話題を決定できる
・会話をコントロールできる（話が散漫にならない）
・事実を訊きだす、明確にすることができる

【オープン・クエスチョン】

相手が自由に答えられる質問。

・回答の自由度が広がる、どこへ会話が広がるかわからない
・会話の幅が広がりやすい、話の広がりや深さを追求できる

③ヒアリングスキル

ヒアリングスキルについて説明を始める前に「正しくヒアリングできない5つの状態」について触れておきます。この状態になっていると、どんなに素晴らしいテクニックを身につけたとし

ても、相手から何も引き出すことはできません。

どんな内容の事でも、自己防御せず（相手が自己防御していても、こちらは防御しない）、先入観を持たず、否定もせず、無関心にならないように、相手にベクトルを向けるようにしてください。皆さん、頭では理解されているのですが、実際にやってみるとなかなかうまくできません。数をこなし、体感しながら身に付けてください。

正しくヒアリングできない5つの状態

・自己防御する
・先入観を持つ
・否定する
・無関心である
・内的会話を行う

「内的会話」について補足説明します。「頭の中で他のことを考えようとしてしまう状態」のことです。人間はよほど注意していないとついつい自分と会話してしまい「音は耳から入っているが、話は頭に入ってこない状態」になります。相手が話している内容を聞きながら、勝手にそれに関連することで自分の中にイメージを作りあげたり、今まで経験したことを思い出したりして、自分と「内的会話」をしてしまうのです。ひどくなると、会話の内容とまったく関係のないところに意識が飛ぶこともあります。

正しくヒアリングするためのポイント

・相手の価値観に寄り添う
・先入観を捨て白紙で聞く
・興味関心を持つ
・意識を常に相手に向ける
・自分を空っぽにする（自分の価値観、個人の事情、過去の経験を消し、相手に焦点を当てる）（ベクトルを相手に向ける）

「自分と他人は違う」ことを理解してください。「自分と同じ考えをする人が正しい」という態度では正しいヒアリングはできません。いったん自分の価値観や個人の事情、過去の経験は横に置き「相手がどう考えているのか、しっかり聞き出そう、聞き取りをしよう」という気持ちがないと、正しいヒアリングはできません。

実は、質問できないぐらい自分を空っぽにしている（自分を完全に消す）方が、正しく質問できます。何の価値観も先入観もなくし、ベクトルを相手に向け、素直に興味関心を持ったことについて、オープン・クエスチョンやクローズド・クエスチョンで訊ねてみてください。その方が色々と引き出せたり考えさせたりでき、たくさん相手に話してもらうことができます。

【A社長は？】

A：質問です。よく「へえ～、ほお～」と言って納得してしまうことがあるのですが、それもしない方がいいですか？

しない方がいいです。補足しますと「へえ～、ほお～」自体はかまいません。「なるほどそんな方法があるのか、そんなことを考えているのか」と思うこと自体は問題ありません。ですが、過度に同調してしまったり、迎合してしまったり、逆に反発してしまったりすると、あまり良い状態にはなりません。

「そういうことを考えているんだ、そんな状態だと思っているんだ、そういう方法があるんだ」

と相手の価値観や発言に寄り添っていく感じです。あくまで「数多くある考えのひとつ」としてまず受け入れるのです。

A：とても難しいですね。

言葉でわかっていても、本当にできている人は非常に少ないと思います。でも、ぜひ、それができるようになってください。

ヒアリングのテクニック

・うなずき　・笑顔　・リアクション（アイコンタクト、相づち、オウム返し）**・ペーシング**（息を合わせる、話のスピードを合わせる、声のトーン、ボリューム、抑揚を合わせる）

・ミラーリング（身振り手振り、座り方、表情の変化など）

共感、安心感、信頼感を与え、いつも自分らしく振舞える状況を生み出すことが大切

「ペーシング」というのは、相手にペースを合わせてあげることです。息を感じて息を合わせたり、話のスピードを合わせたり（早い人も遅い人もいるので）しましょう。声は低めの人も高めの人もいます。抑揚もすごくある人もいるし単調に話す人もいます。そういったことにも、できるだけ合わせるようにしてください。そうすると相手は非常に話しやすくなるはずです。相手と自分があまりにも違いすぎると、不協和音が出てきます。

「ミラーリング」というのは、手振り身振りとか、座り方とか、表情の変化などを相手に合わせることです。相手が斜めに座っていたら、こちらも斜めに座ってみる。相手が色々と表情を変化させていたら、こちらも相手に合わせて表情を変化させていく、そういうことです。

このようなテクニックを駆使していると、共感や安心感、信頼感を相手に与えることができ、相手が自分らしく振舞える状況を生み出すことができます。

よってこちらも相手の話を聞きやすくなります。

④要約のスキル、⑤期待値伝達のスキル、⑥沈黙を活用するスキル、⑦目標設定と計画策定のスキルについては、第6講で詳しく説明します。

面談の、⑴「場づくり」ができているのか、⑵「スタンス（特に相手の成長を願う強い気持ち）」

を持っているのか、(3)「スキル」を持っているのか、この3点によって、同じ面談をしても、相手の受け取り方が全く異なり、その後の相手の成長度にも大きく影響してきます。ぜひ、この3点を血肉化して面談を進めていただきたいと願っています。

面談の内容よりも重要なこと

同じ面談をしてもらうにしても、誰に面談してもらうかで、社員の受け取り方や成長度合いが全く違う。

【面談者の基本的なスタンス】

1. 人は誰もが自分で答えを見つけ出す力を持っている
2. 人は誰もがパーフェクトな存在である
3. 人は誰もが限りない可能性を持っている

どんなに「できない社員」というレッテルが貼られていたとしても、しっかり考える力、自ら何かを作り出す力、答えを見つけ出す力、そんな力が必ずある、という信頼感を持ってください。

「すごい面談Ⓡ」は、社員のためだけのものではありません。家族（お子さんや親御さん）やそれ以外に関わる人に対してコミュニケーションを取るときにも活用してください。そのときは、ぜひ、誰もがそういう力を持っていると信じて関わってください。

人は誰もがパーフェクトな存在であり、本来生きていることだけで本当に素晴らしい存在だと思っています。その人の中に眠っているものを既に引き出せているか、まだ引き出せていないかという違いだけだと考えています。

人は誰もが限りない可能性を持っています。実は、できる人ほどそれが放置されていると思います。「あの人は大丈夫だ」と思われて、誰も真剣に向き合っていないのです。面談者は、基本スタンスとして「できる人の限りない可能性をさらに伸ばす」ところにも、本気で取り組んでいただきたいと思います。

「マズローの欲求5段階説」は非常に有名ですが、一応説明しますと、

「**生理的欲求**」は睡眠欲とか食欲、性欲など、生命を維持するための最も低次の基本的欲求です。

「**安全欲求**」は、心身ともに健康で経済的にも安定した生活を送りたいという欲求です。衣食住の住の問題が大きいですね。

「**社会的欲求**」は、友人や家族、会社から受け入れられたいという欲求、「帰属欲求」とも表現

マズローの欲求５段階説

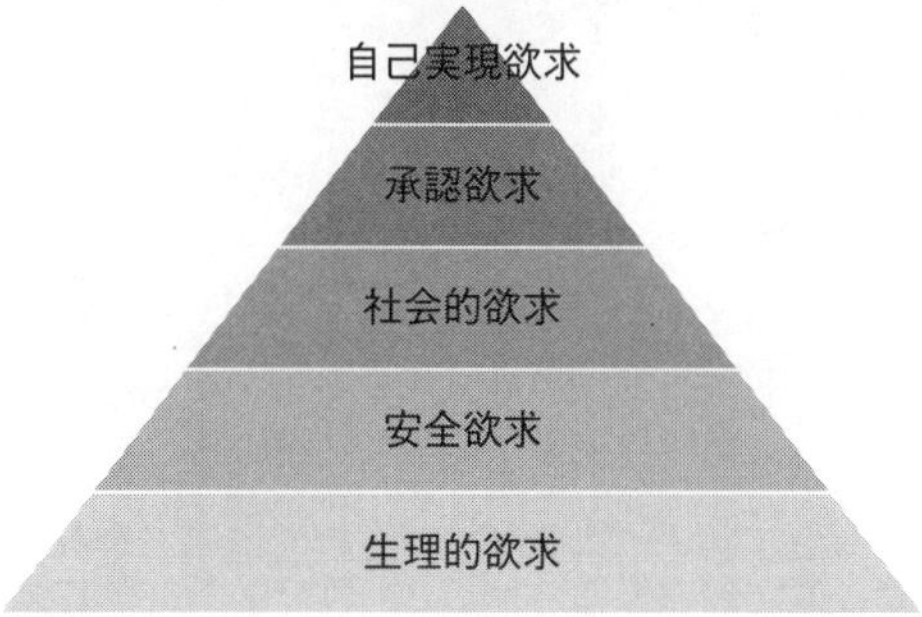

されます。

「**承認欲求**」は、周囲から自分を価値ある存在として認められたいという欲求です。

「**自己実現欲求**」は、自分の可能性を追求して理想の自分に近づきたい、自分の能力や才能を最大限に発揮したいという欲求です。

下層の欲求が満たされたときに、初めて次の上層欲求を満たそうとするとされています。生理的欲求が満たされていないのに、いきなり承認欲求とか自己実現欲求を求めることはありません。社会的欲求が満たされて初めて承認欲求を満たそうとし、それが満たされると自己実現欲求を求めていくと言われています。

ところが、今の会社組織（家族もそうかもしれません）は、この社会的欲求と承認欲求が逆転していることが多いのではないでしょうか。つまり、今の会社組織は「認められるような人間じゃないと仲間に入れてもらえない、承認されて初めて社会的欲求が満たされる」という状態になっていることが多いと思います。

本当は「**どんな状態でもあなたは仲間なんだ。だから頑張ろうね**」と社会的欲求が満たされて**初めて、承認されたいという欲求が生まれてくるはずです**。しかし、今の会社組織は、仕事ができる人だけが仲間として受け入れられ、全体として社会的欲求が十分に満たされていない状態です。

「仕事ができない人は仲間じゃない」として外され、「**社会的欲求が満たされないから、承認されたいという欲求も生まれてこない**」**という状況になっているのではないでしょうか**。

その結果、**エンゲージメントも高まらず、頑張ろうというモチベーションも出てこない**、ますます仕事ができるようにならないので、社会的欲求が満たされない、当然承認欲求も生まれない、だから頑張らない、仕事ができるようにならない……そんな悪循環に陥っているように思えます。

【A社長は?】

A：質問ですが、だから「心理的安全性」がクローズアップされるようになったのですか?

そうです。だから、もしこの欲求5段階説が正しいとすれば、どんな人でも「仲間になったらまず認めてあげる」ところからスタートした方が良いと思います。

どんな能力の人でも、どんな実績の人でも、どんな人でも、まず認めるのです。その上で、今がプラスマイナスゼロだとしたら、よりプラスに持っていくためにどうすればいいのか、一緒に考えていけば良いのです。

ぜひそういう組織を作ってほしいと願っています。「すごい面談Ⓡ」は、そのためのお役に立つと確信しています。

会社に仲間として受け入れられ、よりプラスになることを一緒に考えてもらえれば、人は必ず頑張ってみんなから認められようという動きをします。承認してもらえる仕事ができるようになり、高いレベルで自己実現欲求を満たしていく存在になっていきます。

社員として雇用したのであれば、まずは社会的な欲求を満たし（仲間として受け入れ）、きちんと活かし、エンゲージメントを高め、育てていくことにぜひ力を注いでください。

大事なこと
面談する側が、仕事ができるかどうかに関わらず、ふだんから、どの社員も仲間として受け入れていることが大事。

面談をするときだけ、取ってつけたように関心を持って受け入れ、スキルを発揮しても社員は心を開いてはくれない。
普段のあり方が面談の効果に影響を与える。

【A社長・B社長は?】

質問や感想はありますか?

A:自分でもマズローの欲求5段階は一応知っていましたが、現実的なところでいうと、「認められないと所属できない」という話に思い当たるところがありました。**確かに、心理的安全性が壊れたとき、社員が辞めています。**社会的欲求を認めた上で承認欲求を満たすという本来の姿に戻すためには、どうすればいいのでしょうか?

どんな状態の人でも、ニュートラルに見てあげて、評価判断せずに、今はプラスマイナスゼロだとしたら、よりプラスになるように関わりバックアップする、少しずつ引き上げていく、その地道な努力しかないと思います。

そのスタンスを、経営者だけではなく他の社員全員にも、ぜひ持たせていただきたいと思います。

Ａ：理想としては、社員全員が、人として社会的欲求が満たされる、仲間として受容される会社にしていきたいと思っています。でも、色々な人がいるので、なかなかすべての社員を仲間として受け入れるのは難しいと感じています。

であれば、社会的欲求を満たしてあげられる、仲間として受容できるのはどんな人間なのかをしっかり設定し、それに適合する人を雇用するしかないと思います。その選抜をきちんとやらないと、不適切な人が入ってきて会社の文化が破壊されます。

選抜するのであれば、今度は、自分たちの価値観やミッション・ビジョン・バリューに合った人をどう選定するのかという問題になり、その面接の技法がきわめて重要になってきます。

そして、いったん雇用したからには、今どんな状態であったとしても、よりプラスに持っていけるように、みんなが認めて社会的な欲求を満たした上で、承認欲求に繋がるように関わっていくことが大切だと思います。

Ｂ：面談の目的で「この面談は自分の利益のためだけにある」と思わせるということでしたが、

それは、たとえば面談前にそういうことを伝えておくのでしょうか？　甘えが出るのではないかと思いますが。

実際に、直接「あなたのためにやっている」と口頭で伝えることもあります。でも、多くの場合は、口頭で伝えなくても、場作りの中で「この場は自分のために設定してくれている場なんだ」と伝わればいいと思っています。

その伝わり具合は、面談を通してどれだけ相手から引き出せているのか、相手がどんな表情でそれを答えているのか、最終的にこの面談が終わったとき「色々なことが話せてよかったです」「やることが明確になりました」「これで次の面談がすごく楽しみです」といった発言が出るかどうかで判断できます。

面談する側が相手の成長を強く願いながら場づくりを行い、自然に「この面談は私の利益のためだけにあるんだ」と思ってもらえればよいと思います。

B：明らかに改善すべきことがある、叱責に近いような内容を話すときには、どうしてもそういう雰囲気が出てしまうと思うので、より「あなたのためにやっているんだよ」ということが伝わるように、気をつけないといけないですね。

問題を起こしたり、改善が必要な人ほど、面談が必要になります。そういう人こそ早めに改善していかないといけません。そのときも、事実として起こっていることはきちんと伝え、そうなった理由もしっかり引き出し、その上で期待値を伝え、ゴールを設定し、そこに向かうための方法を一緒に考えていきます。

「この面談は自分を懲らしめるためのものではないんだ」「自分がより良い自分になる、会社の中で認められる存在になる、社長の期待値に応えられるようになる、そうなるための、自分のための面談なんだ」と思ってもらえるようにしていきましょう。

第3講

STEP1　事前準備

面談対象者の情報を多方面から収集し、しっかりした準備資料が作成できれば、実際に面談する前に、その人に対する理解をかなり深めておくことができます。また、情報収集する中で、面談の目的が明確になり、問題点の原因予測もできるようになります。その結果、面談がきわめて効果的なものになります。

本講の目的
- 現状の問題点を客観的に示す資料を具体的に準備する
- 120％の準備を整え、安心して面談に臨む

1．事前準備で8割が決まる！　効果的な面談のための準備資料の作り方とは？

本講は、「すごい面談Ⓡ」6ステップのうち、STEP1の「事前準備」になります。あらためて「すごい面談Ⓡ」を説明すると、相手に紐づいている色々な記録や、相手を観察して得られる情報、会話を通して得られる情報などをすべて知識として持った上で、面談対象者のために今後どのような行動計画、育成計画を作っていけばいいのか、面談の中で設定していくものです。

事前に確認すべき情報

①現在、会社の中にある情報

・**基本情報**：所属、役職、家族構成、入社からの履歴、職歴、過去の成果や賞罰

・**目的に合わせた情報**：勤怠情報、能力やスキル、現在の成果や実績

②観察することで収集できる情報：勤務態度、日頃の表情や言動

③会話することで収集できる情報：多くの人から聞き取りをすることで収集できる情報、面談により直接収集できる情報

面談対象者を想定し、会社にある、その人関連の情報のことを想い浮かべてみてください。基本情報として、その人の履歴書や、所属・役職・家族構成・入社からの履歴・職歴・過去の成果・賞罰などの情報を準備しましょう。

また、目的に合わせ、必要な資料を用意してください。欠勤が多い社員の就業状況を改善する目的であれば、勤怠の情報、遅刻・早退・欠勤など就業実態に関する正確な情報が必要です。能力やスキルに問題がある社員の能力を開発する目的であれば、現時点の能力やスキルを客観的に示す資料が必要です。成果や実績が上がらない社員の成果を向上する目的であれば、販売実績など定量的なデータが欠かせません。

まず、現在、会社の中にある情報を洗い出してください。その上で、どういう情報があれば、その人の現状を客観的に把握することができるのか、考えて情報収集してください。

観察することで収集できる情報もあります。その人の勤務態度や日頃の表情、言動などを観察していますか？　それを記録していますか？　その現状の中に問題点が見つかり、それが面談の目的になることもあります。観察情報もきちんと収集・整理しておきましょう。

会話をすることで収集できる情報もあります。多くの人から聞き取りをして得ることもできますし、直接その本人から得ることもできます。直接本人から得るのも、面談中のときもありますし、面談前の場合もあります。

基本情報や目的に合わせた情報を準備する際、現在会社にある情報に加え、観察して収集できる情報、会話を通して収集できる情報など、さまざまな情報をもとに、現状その人がどんな状態にあるのかしっかりと把握できる、客観的な資料を揃えておいてください。

2.「面談の目的」を明確にし「目的達成のために必要な情報」を準備する

それでは実際に、特定の社員について、面談の目的と面談に必要な準備資料の項目を書き出してみてください。

今ある資料はもちろん、こんな情報も必要かもしれない、と思うことがあれば、それも入れてください。

1人ではなく複数の人を対象に、対象者ごとに、どんな準備資料が必要か、考えてください。「複数人対象」ではなく「同じ人対象に複数目的」で面談する形でもかまいません。

たとえば、Xさんと勤務態度について面談するときにはどんな資料が必要か、Yさんとボーナス査定に関しての面談するときはどうか、Zさんとコンプライアンスに関して面談する目的のときはどんな情報を用意すべきか、あるいは同じXさんでボーナス査定に関して面談するときやコンプライアンスに関して面談するときはどうか。各場合で必要な項目をできる限り多く挙げてみてください。

面談には、公式的に、人事評価やボーナス査定のため、社員全員対象に実施するものもあります。非公式的に、コンプライアンス違反などの問題や仕事ぶり、私生活のちょっとした乱れなどについて面談する場合もあります。逆に、目覚ましい業績や提案があったときに面談を行うケースもあるでしょう。

色々な目的があると思いますので、その目的に合わせて、どんな資料が用意されていれば面談が効果的に行われるのか、面談前にどんなことがわかっていればいいのか、考えてみてください。絶対的な正解というものはありません。自分なりに考え、こういう情報があれば面談が効果的に行われるのではないか、ということをリストアップしてください。

お二人の場合はどうでしょうか?

【A社長・B社長は?】

B：面談の目的は、**自発的に課題を発見し、解決策を考えて行動できる人材になってもらうこと**です。

面談に必要な情報としては、**過去の職歴**や、なぜ今の仕事をやっているのかという動機、将**来の理想として自分はどのようになりたいのかという将来設計、また、現状の能力とその将**

来設計との整合性、その将来に向けて現在の能力では何が足りないのかという不足点などです。これらについて情報を得るには、本人に聞くしかないのかなと思っています。

面談前に、相手に現状を客観的に理解してもらうための資料を作ることはできませんか？

B：できると思います。「このポジションであればこのスキルが必要」という一覧表を作り、どんな業務を遂行していくと理想に近づけるのか、自分自身が理解し、自分自身が課題を発見できるようにする資料であれば、作成できると思います。

今答えてもらった項目の中には、事前に準備する情報と、実際に面談する中で収集する情報が混在していますね。事前準備情報だけ切り分けて用意してみましょう。

面談するとき、事前情報をもとに「今こういう状況ですね」と客観的に示すことができれば、面談を効果的な場にできると思います。あなたの目指したいところはここですね。

現状把握ができる事前情報の項目を、目的別に考え、整理し、準備しておいてください。

Aさんはいかがですか？

A：私は、今後、**幹部育成という目的**の面談をしていきたいと考えています。それに必要な情報としては、**過去の履歴**、**履歴書にある職歴**ですね。あとは**性格診断**や**家庭状況の情報**なども入手したいと思っています。

自分で収集できる客観的な情報としては、**勤務状況**があります。これはタイムカードで把握できます。

周辺から情報収集しないといけないのは、**仕事の状況**とか**職場の人間関係の情報**です。**会社の事業に対する理解状況**も、何らかの手段で知りたいと考えています。

面談のときには、**本人が自分の現状をどう自覚しているか**も知りたいですね。

今、言われたことを事前に情報収集して、文書に残していく予定はありますか？

A：まだ、そこまでは考えていませんでした。どうすればそういう情報が収集できるのか、知りたいという段階です。

面談対象者の1人は、目的が幹部育成なので、事前情報として、簿記や財務、マネジメント、パソコンやエクセルなどの資格や能力を持っているか、持っていなくても興味があるか、知っておきたいと思います。また、日頃ずっと一緒にいるわけではないので、普段一緒にいるメンバーから、その人が会社に対してどんな言動をしているか、聞いておきたいと考えています。

もう一人の面談対象者は、**働き方改革と生産性向上を目的に**面談したいと考えています。今、**その人だけが突出して労働時間が長い**のです。

その他、逆にどういう情報があれば効果的な面談になるのか、ずっと考えながら書いていました。

そういう考え方が非常に重要です。面談は、毎回内容が変わります。「これが正解です」というものはありません。会社によって、人によって、目的によって、準備する資料は全然違ったものになります。

なお、事前情報項目を考える際には（もちろんこちらがその人を理解し把握するために準備するのですが）、「対象者本人に、客観的に現状を把握してもらう」という視点を必ず持ってください。彼らに、こちらと同じ現状認識を持たせることが非常に重要です。

その資料を見せ、冷静に、客観的に「今こんな状況ですよね」と伝え、「なぜ今その状況にあると思いますか」と本人に問いかけたとき、「実はこういう考えがあって、今こういうことをしています」とか、「今こういう状況にあります」とか、本人からどんどん話し始めるきっかけになるような資料を準備して下さい。

次に、面談目的とそのために資料を用意する際のポイントについて、代表的な例を5つ、あげてみましょう。

営業成績が不振

・営業成績を色々な切り口で分析したデータなど（ＫＰＩなどをもとに作成）

営業成績が不振だったり、業務内容に問題があったりするときは、シンプルです。営業成績や業務内容をいろいろな切り口で分析し、ＫＰＩなどをもとに、客観的にその人の働き振りがわかるような定量データを作成してください。現状が明確に把握できます。

数値資料があると「今70点ですが、なぜその70点にとどまっていると思いますか？」といった聞き方ができ、色々な理由が出てきやすくなります。

「何らかの仕事に対して、ここをこんなふうにこうしてほしい」という明確な要望がある場合も、非常にシンプルです。「今はこういう状況だが、ここへ到達してもらいたい」という現状と要望がわかる成績表や、ＫＰＩに基づく分析を作成しましょう。相手にも伝わりやすくなります。

コラム

KPI《key performance indicator》

日本語では「重要業績評価指標」や「重要達成度指標」と訳される。目標達成までの各プロセスにおいて、進捗状況を定点観測するための数値的指標を指す。最終目標（ゴール）の途中に設定された中間目標を数値で表したもの。

コンプライアンス違反

- **実際に違反があったと思われる内容が確認できる資料**
- **関連する人物からの聞き取り情報など**

コンプライアンス違反があり、その問題について面談をしたい場合、まず、実際に違反があったと思われる内容、それが確認できる資料を準備してください。それに加え、関連する人物からの聞き取り情報などの客観的資料もできるだけ収集してください。それがあれば「今、こういう事を、こんな人たちから、こんなふうに聞いていますよ」とか「こういうコンプライアンス違反があると伺っていますが、実際、どうなんですか?」と聞いていくことができ、面談がしやすくなります。

仕事上のミスが頻発

・実際に起こしたミスの内容と日時を記録した資料など

仕事上のミスが頻発している場合、実際にどんなミスが、いつ、どんなふうに起こったのか、しっかりと記録に残しておけば、「こういう日付でこんなミスがありましたね」と客観的に示すことができます。

また、お客様からの苦情やコメントがあれば、データで残しておき「この数ヶ月の間に、こういうお客さんから、こんな情報が入ってきていますね。これはどうなんですか」と具体的に聞くことができます。

遅刻や早退欠勤が多い

・勤怠表などをもとに実際に遅刻や早退、欠勤になった日付や回数がわかる資料など

遅刻・早退・欠勤が多い場合は、勤怠表をもとに、その日数や日付、状況がわかる、客観的な資料を作成してください。それを見せながら面談しましょう。

四半期や半期の査定

・人事評価制度に基づく資料

・360度評価に基づく資料
・リアルタイム評価に基づく資料
・バランススコアカードに基づく資料
・KPI評価に基づく資料
・バリュー評価に基づく資料

四半期や半期の査定に関しては、それぞれの会社の人事評価制度、その評価方法によって準備する資料が変わってきます。右に挙げただけでも、さまざまな評価制度があります。一つの会社の中に複数の評価制度が混在しているというケースもあります。採用している評価制度に基づいて資料をご用意ください。

コラム

360度評価

360度評価とは、上司、部下、同僚、他部署など、対象者を取り囲むさまざまな立場の人間が、対象者を多面的に評価する手法。公平性の確保や人材育成に効果があるとされる。組織の上位にある社員が下位の社員を評価する「垂直的評価」に対し、より公平で客観的、多角的な評価結果を実現できる。

リアルタイム評価

近年、同僚や部下の働きぶりに対して高頻度でフィードバックを行い、評価する「リアルタイムフィードバック」が注目されている。日常業務の中で、時間を空けずにその都度フィードバックを行い、業務の振り返りや改善策、指摘やアドバイスを伝える。ポイントは「高頻度」「迅速さ」「具体性」。具体的なフィードバックにより迅速な行動が可能となり、チーム内のコミュニケーションが活性化され、納得感ある人事評価が期待できる。

バランススコアカード（Balance Score Card）

企業や組織の目標を定め、その実現のために個々の目標を設定、管理、評価する目標管理・業績評価の一手法。企業業績を定量的な財務業績だけではなく、４つの視点（財務・顧客・業務プロセス・学習と成長）で多面的に評価することで、従来の財務的指標中心の業績管理手法の弱点を補い、バランスの取れた持続可能な成長と競争優位を追求できる。

バリュー

第1講で解説した「ミッション・ビジョン・バリュー」で取り上げた「バリュー」のこと。会社が大切にする価値観や行動指針を指す。

3．面談は「断罪」ではなく「事実確認」の場であるべき

事実確認資料として集めるのは、どんな情報でもかまいません。A社長が言っていた性格診断的なものを採用している会社もたくさんあります。事前に、人生のバランスシートのようなものをアンケートで調査し、仕事や家庭、健康、社会的活動などその人のすべてを、ある程度客観的に把握した上で、面談に臨む会社もあります。事前準備情報はできる限り充実させてください。

そして、非常に重要なことは、その情報を面談相手に見せるときは、できるだけシンプルでわかりやすく現状が伝わるものに仕上げておくことです。

本人に客観的に現状を認識してもらうことができれば、的を射た話をたくさん聞き出すことができ、効果的な面談ができる確率が高まります。

それでは、あらためて、面談の相手と目的に応じて、どんな資料を準備すれば効果的に面談できるのか、お二人と一緒に考えてみましょう

【A社長・B社長は？】

Bさんは、どんな方に、どんな目的で、面談するという設定にしますか？

Ｂ：フィットネスクラブ店舗の**店長候補の人**に対して、**店長に育成するという目的**で、面談する設定にします。まず、ＫＰＩに基づく目標設定資料を作ることが重要だと思っています。今はそこが全然できていません。何を数値化できるのか、というところから、洗い出さないといけないと思っています。

ＫＰＩ資料以外には、どんなものが必要だと思いますか？　事前に収集する情報は、できるだけ多い方がいいと思いますが、店長候補を育てたいとき、どんな情報が事前に情報収集できていれば、面談が効果的に進められそうですか？

Ｂ：**そもそも店長になりたいのかどうか**、事前に知っておきたいですね。他には、勤務態度や日頃のやる気、接客態度なども把握したいと思います。また、他の従業員との関係性や他の従業員からの評判なども、情報収集しておこうと思います。

他の従業員からの情報収集には「会話を通して得られる情報」が必要ですね。他の従業員の話はもちろん「お客様からの声」を聞いてもいいかもしれないですね。

Ｂ：日々の売上や会員数の動向などの数値データを分析する能力や、パソコンのスキルも重要です。また、毎月会員獲得のためのイベントをやっているので、それを積極的に企画して実行までやりきるスキルも求められます。

そういうスキルは、教えれば習得できるかもしれませんね。Ｂさんの会社では、人事評価制度はありますか？

Ｂ：いえ、これから作っていこうと考えています。

それを作るとき、人をどう評価をするのか考えないといけなくなるので、それを考えていくうちに、面談に必要な準備資料の項目も出てくると思います。

Ａさん、Ｂさんへのアドバイスはありませんか？

Ａ：**店舗運営に必要なスキルには何があるのか、まず面談するこちら側が洗い出さなければいけないと感じました。**そのスキルがあるのか、これから身に付けるつもりがあるのか、それを面談で聞ければいいと思います。

また、必要な情報というのは、今後の経営戦略、店舗戦略によっても変わってくると思います。1人で店舗を運営するのであれば、1人でお店を回せる能力が必要です。何人かスタッフを抱えて運営するのであれば、その能力は必要なくなります。同じ店長といっても、どういう店舗戦略のもとで店長にするのか、店長が出世するとエリアマネージャーになるという制度にするのか、それによって必要とされるスキルや人物像は変わってくると思います。

個人に関する資料は、履歴書以外、何かありますか？

B：スキルについての資料は、何も残していません。

今後、どんな戦略のもとに、どういう情報を資料として残し、ファイル化するのか、各従業員ごとにファイルを作成するのか、といったことも、ぜひ検討してください。

今後、実際の面談内容自体も、記録して残す必要があると思います。記録がないと、人の成長をきちんと把握できなくなります。その準備も進めてください。

次に、Aさんは、どんな方に、どんな目的で、面談するという設定にしますか？

Ａ：**働き方改革と生産性向上という目的**で、**介護施設の調理責任者**と面談しようと思っています。残業時間の上限規制である月80時間を超えることが常態化しています。その人が提供する食事の評判が良いので、残業を減らせないなら辞めていいとも言えず、困っています。中途採用者を入れてもその責任者が育成しようとしないので、すぐに辞めてしまいます。その点を指摘しても改善しようとしません。今は外国人労働者を入れることを計画しています。面談を通じて、この人の残業時間を削減し、働き方を改革したいと考えています。社労士の先生にも面談していただき、そのときはわかりましたと言うのですが、口だけで実行しません。行動に移してもらうために面談するのですが、どんな事前情報が必要でしょうか？

Ｂさんだったら、今言われたこと以外にどんな情報が準備できれば、効率よく効果的に面談できると思いますか？　アドバイスしてみてください。

Ｂ：Ａさんが社長としてその人に訊ねても、**なかなか本音は言わないかもしれません。周りの信頼できる人からヒアリングしてもらう**、というのも一つの手かと思います。

それはいいかもしれません。周りがその人をどう見ているのか、その人は周りの人に残業や現状について、どのように話しているのか、ヒアリングできるといいかもしれないですね。

B：文句を言っているのか、やる気で満ち溢れているから大丈夫なのか、どちらかだけでもわかればいいと思います。

A：事前に信頼している人から聞いてもらうとすると、社労士の先生ですね。最近お忙しくて来られていませんが、先生が来ることがわかるとその人がすごく喜ぶので、先生に根回しして聞いていただこうかと思います。

私との面談では、末永く一緒にやっていきたい、体を壊さないか心配している、残業を減らしてほしいと伝えています。新しい職員を雇い、土日もきちんと休んでもらって、うまく仕事を回せるようにするつもりです。

この人に関しては、事前情報は十分把握されていると思いますので、あとはその情報をもとに、現状を自分自身がどう捉えているのかという状況把握と、その原因追究をしっかりしていけば、改善へ向かう可能性は十分あると思います。

事実確認として、客観的な資料として見せたり伝えたりするとき、情報として集められた事実や数字を、感情抜きで冷静に伝えることが重要です。

状態が悪い人もいれば、いい人もいます。ほめすぎても駄目ですし、感情的に叱ったり怒ったりするのはもってのほかです。客観的に今こういう状況だということを、資料をもとに（または口頭で）伝えることが、一番重要なポイントです。

前講でお伝えした「面談でやってはいけない３つのタブー」のひとつに「レッテル貼り」がありますこれをしてしまうと、事前にその人をどう見ているのか、というフィルター（色眼鏡）を通してしか、その人の情報が入ってこなくなりますので、決してやってはいけません。事実を伝えるときは、あくまでも、客観的な状況がわかる資料をもとに、絶対に「レッテル貼り」せず、感情をまじえず冷静に、こういう状況だと伝えてください。

もうひとつ大事なことは、今その状況にある原因を探って「予測」はするのですが「予断」はしないということです。

できる限り資料を集めると、その人がどんな状況なのか、ある程度わかります。その人の能力、勤務態度、実績などをすべて把握したら、なぜその人が今の状況になっているのか、わかってきます。

ですが、あくまでも、こちらで勝手に判断してしまうことは避けてください。「予測」はしてもいいですが、本当は、こちらが思っているのと違う原因でそこにとどまっている、その問題が起こっているという可能性も、十分あり得るのです。決して「予断」してはいけません。その人をニュートラルに見ていくことが大切です。

その人から全然違う内容のことが出てきたり、聞き取ることができたりする可能性がありま す。色々な情報を事前に収集するなかで、ある情報をもとにすべてを判断するようなことは絶対にやめてください。「予断」は禁物です。

原因を予断すると、この後の面談でどのような問題が起こると思いますか？

予断してしまうと、そのフィルターを通した情報しか入ってこなくなります。それ以外の原因や理由を相手が言っても、それは違うだろうと勝手に思い込んでしまい、頭に入ってこなくなってしまいます。もしかすると、自分が考えている原因や理由以外のところに、現状の問題が起こっている本当の種があるかもしれないのに、それを引き出せずに終わってしまうことになるのです。

そうなると、その種がそのまま残ってしまうので、延々と問題が起こり続けるという状況に陥ってしまいます。ですから、決して予断をすることなく、ニュートラルに見て、その上で、今こういう状況ですね、なぜそうなっているのか話してもらえますか、という形で、相手の方からその問題が起こっている原因を話してもらいましょう。
まず、事前準備はしっかりと行ってください。その上で、予測は行っていただいた方がいいとは思いますが、しっかりとスタンスを持って面談を始めてください。スタンスというのは、「相手の利益のためだけにこの面談はある」「色眼鏡をかけて相手を判断しない」「相手の成長を願う強い気持ちを持つ」という、第2講でお伝えした内容です。そうすれば、必ず、効果的な面談ができます。

大事なこと

「事実の確認」
情報として集められた事実や数字を、感情抜きで冷静に伝えることが重要

「事実確認資料」
現状を伝える資料、情報をできるかぎり充実させるとともに、それをシンプルにわかりやすくしておくことが決定的に重要

「原因を探る」

原因は「予測」はするが「予断」はしない

第４講

STEP２　事実確認／原因のヒアリング

本講では、「LISTENとASKは違う」ということと、「現状の確認と原因のヒアリング方法」を学んでいきたいと思います。

LISTEN（しっかりと相手のことを聞く）と、ASK（相手の状況を尋ねる、問いただす）は、全く異なります。

LISTENとは、ヒアリングのスキルやテクニックを活用して、正しくヒアリングすることだと考えてください。これに対し、ASKとは、LISTENとは逆に、先入観を持ち、自分の価値観に基づいて予断を行い、感情的に責めるように聞くことを指しています。

ワークを通じて体得していただきます。

本講の目的
・現状確認時に犯してはいけない考え方を知る
・実践的なヒアリングスキルを身に付ける

現状がどのような状態なのか、相手自身に理解してもらいます。それとともに、こちらも、事前準備資料を基に、「**予断**」**を交えず**、相手がどんな原因で今の状況にあるのか、把握していきます。

事前準備資料を使った問題点把握の際の「犯してはいけない3つのタブー」を理解した上で、ワーク（座学ではなく実践）で実際に原因把握することを通じて、ヒアリングスキルを身に付けていただきます。

1．事前準備資料を使った問題点の把握について

①犯してはいけない3つのタブー

第2講の2節でも紹介しましたが、面談のタブーとして特に重大なものが3つあります。ここ

で改めて解説します。

面談でやってはいけない3つのタブー（再掲）

①色眼鏡をかけて社員を見る
②感情的に問題点だけを指摘する
③改善に向けた行動を直ぐに指示する

1つ目は、事前準備資料だけで評価判断し、今こんな状態だろうと断定し、「レッテル貼り」をした上で面談してしまうことです。

2つ目は、良くない数字や状況が出てきたとき、感情的になって、その原因を「問いただす」ことです。これをしてしまうと、対象者との信頼関係が築けなくなり、本当の原因を聞き出すことができなくなります。

3つ目は、本当の原因がわかる前に評価・判断・断定し、「誘導尋問」してその結論に持っていき、結果的に指示命令してしまうことです。本人自身に考えさせない限り、「自律・自立型社員」には育っていきません。

②正しくヒアリングできない5つの状態

このSTEP2では、ヒアリングのスキルが非常に重要です。

第2講でお伝えした「正しくヒアリングできない5つの状態」に陥っていないか、常に自分に問いただしながら、ヒアリングスキルを発揮してください。ここでは、5つの状態をもう少し詳しく見ていきます。

正しくヒアリングできない5つの状態（再掲）

- 自己防御する
- 先入観を持つ
- 否定する
- 無関心である
- 内的会話を行う

1 「自己防御する」

親しくない対象者が壁を作っている場合、面談するこちら側も、つられて壁を作ってしまい、対象者の話を素直に聞けない、クリアに聞けない状態になることです。こうなると、正しいヒアリングはできません。

2　「先入観を持つ」

「3つのタブー」の中にあった「レッテル貼り」をしてしまうことです。色眼鏡をかけて聞いているので、相手の話がそのまま頭に入ってこなくなり、本当の原因が聞けない、汲み取れないということが起こります。

3　「否定する」

相手の話を、感情的にも言葉としても、否定してしまうことです。これをしてしまうと、信頼関係が築けなくなり、本当の原因を話してもらうことができなくなります。

4　「無関心である」

文字通り相手に興味を示さないことです。そもそも関心がなければ、相手の話をきちんと聞き取ることができず、大切なことを聞き漏らしてしまいます。

5　「内的会話を行う」

頭の中で何か別のことを考え、自分自身と会話してしまう状態です。この状態に陥ることが最も多いので、常に自分自身と会話していないか、相手にしっかりとベクトルが向いているか、自己チェックしながら、相手の話を聞いてください。

③正しくヒアリングするために

正しくヒアリングするためのポイント（再掲）

・相手の価値観に寄り添う
・先入観を捨て白紙で聞く
・興味関心を持つ
・意識を常に相手に向ける
・自分を空っぽにする（自分の価値観、個人の事情、過去の経験を消し、相手に焦点を当てる）（ベクトルを相手に向ける）

相手の価値観に、まずは寄り添うことです。どんなに自分の価値観と違うことが出てきたとしても、いったん「相手はこう考えている」ということを受け入れてください。

先入観を捨てて白紙でクリアな状態で聞くということを心掛けてください。また、相手に興味関心を持って聞きましょう。「相手はそう考えているのか」「そんな状態だと思っているのか」「そういう原因があるのか」と興味関心を持って聞いてください。

最後に、意識を常に相手に向ける、内的会話をしないということを、ぜひトレーニングして身につけてください。

自分のことは、いったん空っぽにしてください。皆さんは、ご自身の価値観や、個人の事情、過去の経験など、素晴らしいものを数多くお持ちですが、それはいったん手放した上で、相手に焦点を当て、相手の価値観に寄り添ってください。これを実践しない限り、正しいヒアリングはできません。

④ヒアリングのテクニック

ヒアリングのテクニック（再掲）
・うなずき　・笑顔　・リアクション（アイコンタクト、相づち、オウム返し）**・ペーシング**（息を合わせる、話のスピードを合わせる、声のトーン、ボリューム、抑揚を合わせる）
・ミラーリング（身振り手振り、座り方、表情の変化など）
共感、安心感、信頼感を与え、いつも自分らしく振舞える状況を生み出すことが大切

ヒアリングのテクニックには色々ありますが、まず、話をしているときにうなずいたり、笑顔で接してあげたり、リアクションを取ってください。あいづちやオウム返しも有効です。相手が「白」と言ったら「白なんですね」と返事しましょう。アイコンタクトは、やはり効果があります。WEB会議では難しいかもしれませんが、できるだけ目と目を合わせてください。

ペーシングとミラーリングは第2講でも解説しましたが耳慣れない言葉なのでもう一度振り返っておきます。

ペーシングとは、ペースを合わせるということです。息を合わせたり、話のスピードを合わせたり、声のトーンやボリューム、抑揚などを意識的に合わせていくと、相手が非常に話しやすくなります。また、こちらも聞きやすくなります。

ミラーリングとは、身振り手振りや座り方、表情の変化を合わせることです。相手が笑っていればこちらも笑い、相手が悲しくつらい話をしているときはそういう表情をして聞くことです。これにより、共感や安心感、信頼感を与えることができ、相手が自分らしく振る舞える状況を生み出すことができます。それによって、こちらもヒアリングしやすくなります。

2. 実践！　ヒアリングスキル等を発揮して原因把握をしてみましょう

それでは、ヒアリングスキルの考え方やテクニックを使って、実際に相手の話を聞いてみましょう。

ワークは、2人1組になり、一方が面談する側、もう一方が面談される側、という想定で行います。

今回は、特に準備資料はありません。面談される側は、自分自身の仕事でも、プライベートでも、社員のことでも結構ですので、問題点を一つ設定し、面談する側の質問に合わせて、その原因を話してください。

面談する側は、1回の面談で8分間、事実と問題点の確認をした上で、ヒアリングテクニックを使い、特定の原因を深掘りしたり、様々な原因へと幅を広げていったりする形で、その原因を探ってください。

大事なこと

・今の状況にとどまっている理由が全貌としてわかるまで判断を保留して、まず事実や数字を感情抜きで冷静に確認する
・なぜその結果になったのか、実際、何が起こっていたのか、何を行い、何を行わなかったのか、ヒアリングする

LISTEN（**しっかりと相手のことを聞く**）とASK（**相手の状況を尋ねる、問いただす**）の違いを思い出してください。

決して、先入観を持ち、自分の価値観に基づいて予断を行い、感情的に責めるように聞く（ASK）のではなく、**感情抜きで冷静に事実確認し、相手にとことん話をさせ、気持ちを聴く、心**

で聴く、クリアに聴く（LISTEN）ことを心掛けてください。

【ヒアリングワークについて】

1．面談される側は、自らの問題点を設定して、その原因を話す
2．面談する側は、ヒアリングテクニックを使って、その原因を聴き続ける
3．時間は8分で、できるところまで

【ヒアリングワークのルール】

1　自己開示する

面談される側は、自己開示をしっかり行ってください。本当の問題について、今の状況を、包み隠さず話していただかないと、色々なことが明らかになっていきません。

2　評価しない、否定しない

面談される側が話したことに対して、面談する側は、決して評価したり、否定したり、判断したりしないようにしてください。

3　秘密は守る

面談の内容は、面談する側とされる側の2人だけの秘密として、絶対に外へ漏らさないでください。

4　自分事として考える

最後に、相手のことではありますが、「**すべて自分事として考えて**」ヒアリングしてください。

面談される側は、自分自身のプライベートのことでも仕事のことでも結構ですので、今問題だと思っていることを話して下さい。面談する側から色々な質問を受け、その状況や問題の原因について考えていること、思いつくことを伝えてください。

面談する側は、その問題の根本的な原因は一体どこにあるのか、深く掘り下げたり、原因の幅を広げることによって、明らかにしましょう。その際、ヒアリングのスキルやテクニックを存分に活用してください。

【ワーク①】B社長がA社長に面談「タイムマネジメントがうまくいかない」

では、Aさんが面談される側、Bさんが面談する側になってください。Aさん、どんなテーマでヒアリングしてもらいますか？

Ａ：今、自分のタイムマネジメントがうまくいっていないので、それをテーマにしたいと思います。

これから原因を探っていく前に、現在の状況を詳しく教えていただけませんか？

Ａ：やりたいことがたくさんありすぎて、優先順位がつけられない状態です。本当の優先順位をどうつければよいか知りたいと思っています。

わかりました。それでは、始めましょう。

Ｂ：１日のスケジュールは事前に決めていますか？

Ａ：はい。毎日、ビッシリ詰まっています。その上、やりたいことがたくさんあるので、常にバタバタしています。２か月ぐらい前から予定が入り始め、目の前のやりたいことを予定に入れていくと、すぐ空き時間がなくなってしまいます。

仕事もそうですが、会合が多いです。それが仕事に繋がっている面もあるのですが、仕事と遊びの区別がないワーカホリック状態になっています。

B：やりたいことというのは、新規事業的なことが多いのですか？

A：仕事以外の、たとえば、健康のためのトレーニングのようなこともあります。それもやろうとすると、プラスアルファの時間が必要になってきます。今こなしている予定の中にその時間も組み込むためには、優先順位をつける必要があると感じています。

B：今までスケジュールに入れた中で、これはやらなくてもよかったと思うものはありますか？

A：基本的にはありません。ただ、人との交流時間を優先するあまり、自分との対話の時間が減っています。たとえば読書したいと思って時間を確保していても、人から誘われるとそちらを優先し、自分との約束は後回しにしてしまいます。自分と対話する時間を削っているから「余裕がない」と感じるのかもしれません。

B：自分がやりたかったことを切り捨ててしまっている、ということですか？

A：言われてみれば、人との約束は必ず時間を守るようにしていますが、自分との約束は簡単に覆してしまっています。

B：たとえば「この部分は会社のナンバー2にまかせる」とか、決めていますか？

A：基本、社長の私にしかできないこと以外は、やらないようにしています。

B：役割、タスクの割り振りは、一応できているということですね。

A：はい。今、あらためて気づきましたが「人との約束は守るのに自分との約束はすぐ覆してしまう」という意志の弱い点が、「自分のタイムマネジメントができていない」と感じる原因なのかもしれません。

―フィードバック―

8分経過しました。今のやり取りで感じたことを訊いていきますね。

Bさん、タイムマネジメントや優先順位付けができない原因を探ってみて、どんなことに気づきましたか？

B：「自分事として考えると、具体的に状況を確認しやすい」ことに気づきました。あまり質問にも困らず、自然に聞くことができました。

他には？

B：とりあえず聞くだけで終わってしまい、どこをゴールにすればよいのか、落としどころがわかりませんでした。
また、うなずき、ペーシングといったヒアリングのテクニックを意識してやってみると、すごく話しやすいことを実感しました。

いい気づきですね。他にもありますか。

B：「ヒアリングしていた内容をその場で整理してまとめるのは非常に難しい」と感じました。メモを用意してキーワード的なことを書き留めた方がよいと思いました。真の原因を突き止めるためには、聞いた内容に対する深掘りが必要なのに、それができず、表面的なヒアリングで終わってしまったと思います。

よいところに気づきましたね。Aさんは面談を受けていて、どんな感じでしたか？

A：最初は「タイムマネジメントができない」とか「優先順位がつけられない」という問題だと思っていたのですが、質問を受けているうち、実はそこが問題なのではなく「自分自身との約束が守れていない」ことが「問題の本質」だと気づきました。

他にも何かありますか？

A：Bさんの質問は同じ方向からのものが多かったイメージがあります。

Bさんのヒアリングは、現在の状態になっている原因の幅を広げていくイメージでしたね。ほとんど状況確認で終わってしまい、原因の深掘りまではできませんでしたが、それはそれで決して悪いことではありません。

Bさんが幅を広げ、Aさんが答えていくうち、Aさんは、自分が問題だと思っていたことではなく「自分との約束が守れない」ことが「問題の本質」であること、そこを深掘りしていかないといけないことに気づくことができました。その点では、非常に良い面談だったと思います。

次は、Aさんが自分との約束が守れていない原因を深掘りし、その原因を明らかにしていく必要がありますね。

この「原因のヒアリング」までできるようになれば、素晴らしい面談になります。

Bさん、ご自身の面談に対するフィードバックを受けていかがでしょうか？

B：ご指摘の通り、状況確認だけでした。Aさんはご自身で「問題の本質」に気づきましたが、自分で気づくことができる人はなかなかいないと思うので、誰にでも気づいてもらえるようにヒアリングしていきたいと思います。

【ワーク②】A社長がB社長に面談「仕事の優先順位をどうすべきか」

では、今度は、Aさんが面談する側で、Bさんが面談される側になってください。Bさん、どんな問題で面談してもらいますか？

B：僕も、Aさんと同じ時間管理、どう優先順位をつけていくかというテーマでお願いします。すぐ、目の前のことに取りかかってしまい、本当に優先すべきことがギリギリになったり、後回しになったりしています。やらないといけないことが多すぎて、夜遅くまでパソコン作業に時間を取られ、仕事が回らなくなっています。

Aさんとは事情が違うので、また違う原因が出てくるかもしれないですね。では、8分間、スタートしましょう。

A：自分では、優先順位がつけられない原因は何だと思いますか？

B：今、力を入れている「フィットネスクラブへの集客」に対して効果的と言われている施策を、全部やってみようとしているからだと思います。打ち合わせや施策のトライアルを重ねていると、全然時間が足りなくなってしまうのです。

A：そうやってバタバタしながらやった施策が期待したほど成果に繋がらず、さらに新たな施策を打とうとして、悪循環になっているのでしょうか？

B：それもあります。また、店舗運営以外の作業、ファイナンス（財務）、経理作業、事務作業、振り込み作業まで、全部自分1人でやっているので、全然時間が足りません。その上で一番大事な集客施策に取り組んでいるので、大変な状況に陥っています。

A：要約すると、今、集客にかけている時間の割に、自分が期待する結果が出ていない、だから余計に集客に時間をかけようとして、タイムマネジメントがうまくいかなくなっている、ということでしょうか？

もしかすると、今、経営するための全体像が自分の中で決まっていないために、どのぐらいの集客をどのようにしていけばいいか見えておらず、やみくもに集客に時間をかけているのかなと感じたのですが、いかがでしょうか？

B：集客目標は、たとえば、毎月、損益分岐点を超えるための必要人数を算出し、それをもとに、どのくらいの費用をかけて何人獲得するのか、設定しています。

ＷＥＢ広告を出して、その効果が良くなかったときの問題点は、広告媒体、広告記事内容、予約システムの煩雑さ、ホームページの見やすさなど、色々な要因があると思います。それらをすべて一つひとつ改善するために、時間をかけています。

Ａ：真面目に、非常にきめ細かく、集客に取り組んでいるのですね。

Ｂ：集客は奥が深いと痛感しています。どこに本当の原因があるのか検証し、各分野で対策を打ち込んでいるところです。分野が広すぎて、なかなか1人でできることではないと感じています。

Ａ：個人的には、損益分岐点の金額と人数にとらわれ過ぎている気がします。むしろ、どのような事業にすれば損益分岐点を超える状態になるのか、理想的な事業イメージをお聞きしたいですね。もしかしたら、問題の本質は、タイムマネジメントというより経営の課題なのかもしれません。

―フィードバック―

ここまでにしましょう。今度はＡさんから聞きましょう。ご自身で面談してみて、気づいたこと、感じたことをお聞かせください。またうまくいったこと、うまくいかなかったことを教えてください。

Ａ：人のことは、結構「見える」と思いました。自分の場合は、自分が課題だと思っていたことが本当の課題ではなかったことがわかりました。Ｂさんの場合はどうだろう、タイムマネジメントできていない原因、本当の悩みは何だろうと思って聞いていきました。
個人的には、時間管理ができていないわけではなく、集客に執着しすぎてその効果が出ていない点に目を奪われているように感じました。「時間管理できていない原因はタイムマネジメントができていないことだ」と思い込んでいるが、本当はそうではないように思いました。本当の事業目的は違うのに、集客目標数にとらわれすぎて、その数字をクリアすること自体が目的化しているのではないかとも感じました。

Ａさん自身は、自分自身の面談をどのように自己評価していますか？

Ａ：フィルターを外さなければいけないと思いながら、なかなか外せないものですね。たとえば、さっきも「真面目ですね」と言ってしまってから「これもフィルターだ」と気づきました。「次の質問をしないといけない」と思いながら「自分がこうじゃないかと思ったことの方へ話を持っていこう、気づかせてあげよう」と内的会話してしまい、質問の言葉が見つからなくなって、誘導尋問してしまいました。

また、「私のときと同じで本質は別なところにある」という先入観を持って聞いてしまっていましたね。

Bさん、面談を受けてみていかがでしょうか？　何か気づきや感じたことはありますか？

B：Aさんのヒアリングスキルですね。鋭い本質的な質問でグサグサ刺さってきました。少しメンタルをやられそうになりましたけど、こういう本質的に切り込んで深掘りしていく質問は大切だと思いました。うすうすは気づいていましたが、あらためて「集客数字にとらわれ過ぎて、それが自己目的化しているのではないか？」と問われると、確かにそうだと思いました。先ほど自分が全然できなかった「本質を深掘りする」やり方が、とてもよくわかり、勉強になりました。

いい感じですね。他にはありますか？

B：実際にヒアリングされて、自分が問題として捉えていた「タイムマネジメント」が問題なのではないという本質的なところに気づきました。
「まず状況を確認し、そこを深掘りしていく」という順序でヒアリングをすれば、嫌でも気づかされると感じました。
あと、テクニック的なところで言うと、Aさんにはもう少し笑顔が欲しかったと思います。
本質的なところに切り込まれたので、もし自分がAさんの社員だったら、少しメンタルをやられていると思います。

それは、ぜひ自覚しないといけませんね。

A：意外です。自分としては、素直に聞きたいことを聞いているだけなのですが。
B：ナイフで刺されている感じです。

自分にそのつもりはなくても、相手の捉え方は違うようですね。

A：そうなんですか？　確かに、社員に対して特に優しくはしていませんが、上から目線ではなく対等な関係として、普通に聞いているつもりですよ。

Ｂ：ズバリ本質を突く質問で、本人が目を背けたくなるような点を指摘するので、グサグサ刺さってしまうと思います。

Ａ：そうなんですね、ありがとうございます。

意外なところに気づくのは、とてもよいことです。それがわかった上で、笑顔で聞く場合、本質を突く場合など、ヒアリングテクニックを使うバリエーションを広げてください。より効果的な面談ができるようになります。

私からもＡさんにフィードバックします。「本質をできるだけ早く見極める」という意味では、すごく良い８分間だったと思います。どんどん切り込んでいく形で深掘りしていく時間でした。問題の本質が見えてきた感じですので、決してやり方としては悪くありません。一つの方法として覚えておいてください。

ただ、Ｂさんが言ったように、Ａさんの聞き方には、少し「圧」があります。また、自分でも気づいていたように「誘導尋問」になっています。こんな感じだと思いますよと要約して、すぐに自分の考えの方へ持っていこうとしていました。

Ａさんの思ったことがきっと本質であり原因だろうとは思いますが、そのことをあくまで相手に**自分で気づかせてほしい**のです。そのためには、どう質問し、どう深掘りしていけばいいのか、考えた上で「原因のヒアリング」をしてください。

こちらから言ってはいけません。「予断」をするな、というタブーがありましたね。おそらくこんなことが原因だろう、本質だろうという「予測」はしてもかまいません。色々な客観資料や、事前にお話を聞いたり調べたりするうち、おおよそわかってきます。それをもとに、現状を伝えたり見せたりした上で、なぜそうなっていると思いますか？　とヒアリングして、相手に自分で気づかせるのです。

その本質を気づかせ、相手の口から言わせるためには、どう質問していけばいいのか、どう幅を広げ、どう深掘りすればいいのか、それを考えて、このSTEP2の「事実確認／原因のヒアリング」を実施してください。

A：ご指摘の通り、気づかせるのではなく、自分の方から言ってしまっていました。どんな質問の仕方をしたらよかったのでしょうか？

Aさんの場合、最初は質問から入ったじゃないですか。「タイムマネジメントができてない、優先順位がつけられない、その原因はどこにあると思いますか？」と。あれは、非常に良い入り方だったと思いますよ。そのおかげで、Bさんが色々と話をするうち「集客に専念しすぎ、こだわりを持ちすぎていること」が「本質」ではないかと徐々にわかってきました。

けれども、その話が出てきたとき、Aさんはそこでいきなり話をまとめ「きっとここが原因だと思う」と先に言ってしまいました。そこを言わずに、もう少しBさんの状況を聞いた上で「それでは、その本質はどこにあると思いますか？」と、もう一度問いかければよかったと思います。

A：オウム返しをしてみる、ということですか？

そうです。こちらがわかったと思っていることも「Bさん、こう言いましたね」とオウム返しをして「その問題の本質はどこにあると思いますか？」とあらためて尋ねてみればよいと思います。そこで相手が気づくかもしれないし、もし気づかなければさらに別の質問をし、それでも気づかなければさらに次の質問をする、そんなやりとりを繰り返してください。

とにかく質問を通して本質に迫っていく、オウム返しや要約というテクニックも使って質問する、要約して伝えてまた質問する、そんな対話を続けて本質にたどり着いていただきたいと思います。

A：わかりました。それをこちらが断定的に誘導してしまうから、グサグサ刺しているように感じるのですね。

そうです。特に目上の人からそう言われると、本当はそうじゃなくても、そうなのかなあと思ってしまうのです。

実は、他人に言われて自分からそこを正そうという行動はなかなか起こりません。自分で本質に気づいて自分で表現したときに初めて、次にそれを改善するためにどうするのか、という自発的なアクションが出てくるのです。

特に目上の人から気づきを与えられてしまうと、それが間違っていても、そうだと感じるし、もしそれが本質だとしても、自分で気づいた時と比べて、次に行動に移していく熱量は、はるかに低くなります。

A：他人から言われた原因と自分で気づいた原因とは、次に行動に移していく自発的熱量が全然違うということですね。

今まで私は、上から気づきを与える面談ばかりしてきたことに気づきました。だから、自主性がない、自分たちからやってくれない、人に言われてから初めて動くという組織になっているのですね。腑に落ちました。

そこを本人から気づかせるようにいかに会話をするのか、ということが重要です。

Ａ：クセになっているので、簡単には治らない気がします。でも、まず自分がそのことに気づくことが大切ですね。

そうです。実は、指示命令して行動を促すことと、こちらが気づかせてあげて行動に移させることは、どちらがいいということではなく、どちらも必要です。

時と場合によっては、すぐに判断してすぐに行動、すぐに命令してすぐにやらせ切る方がよいこともあります。それもやらなければいけません。

ただ、人を育成して、その人を「自律・自立型社員」に変えていくときには、本人に気づかせるように面談しないと、なかなか育っていかないのです。

Ａ：これまで私は、社員に対して本質をズバズバ指摘し、社員はそれを言われて凹んでしまい考える力を失っていた、ということに気づきました。なぜ社員が潰れていくのか、不思議に思っていました。私の指摘がグサグサ心に刺さっていたのですね。

両方使えた方がいいということもわかりました。これからは社員を潰さないようにしていきたいと思います。

とてもよいところに気づいたと思います。ぜひこの気づきを生かして、実戦でも試してください。

ヒアリング時（LISTEN）に必要なこと

1. どんな見当違いな内容が話に出てきたり、攻撃的なことを言ってきたりしても、決して反論したり判断したりしないで、話を聞くことができているか。
2. 話の途中で、かぶせて話を始めるのはもってのほか。途中で話を遮らずに最後まで話を聞くことができているか。
3. 話がいったん途切れたら「○○のところをもう少し詳しく教えてくれるかな」などの質問で話を深掘りできているか。
あるいは「他にはあるかな」などの質問で話を広げることができているか。
また、オープン・クエスチョンで、相手にとことん話をさせることができているか。
4. 自分が次に何を言おうかなどと決して考えないで、相手の話に興味を持つことができているか。

5. 相手の表情、しぐさなども観察しながら、言葉に出ている内容だけではなく、「気持ちを聴くことができているか」「心で聴くことができているか」「クリアに聴くことができているか」

1. 客観的な資料を示して、原因はどこにあると思いますか？ と聞いていくわけですが、そのとき、相手が見当違いなことを話してくることは、珍しくありません。あるいは、そんなことは理由にならないだろう、ということを一方的に話してきたりします。または、非常に攻撃的なことを言ってくることもあります。人のせいにしたり、会社のせいにしたり、自分が原因なのに他者に責任転嫁して怒り出す人もいます。

どんなことがあっても、決して反論や否定、一方的な判断はせず、ぜひいったんは話を聞いてください。なるほどそういうことか、と相手の考えをまずは聞いてほしいのです。現場で面談を始めたら、つい否定したり、反論したり、嫌な顔をしたりしてしまいがちですが、決してやってはいけません。

2. 話の途中で、かぶせて話を始めるのはもってのほかです。途中で話を遮らずに最後まできちんと聞いてください。相手が話している途中に、かぶせて次の質問をしたり、反論したり、

3. そういうことではないだろうと言ったりせず、とにかくまずはいったん受け止めてください。話がいったん途切れたら、もう少し詳しく教えてくださいと深掘りしたり、他にありますか？と話の幅を広げていくようにしてください。こちらの質問は短くし、相手がたくさん話すように持って行ってください。オープン・クエスチョンで相手に思う存分話をさせているか、必ずチェックしてください。クローズド・クエスチョンでXとYではどちらか？　と選択を迫ったり、イエスかノーでしか答えられないような質問の仕方をしたりするのではなく、相手が自らオープンに話し出すような質問をしてください。

4. 原因のヒアリングにおける会話量は、面談する側：面談される側＝1：9か2：8程度にとどめてください。とにかく相手が話している状況を作り出してください。内的会話は禁物です。次に何を言おうか、何を質問しようか、そんなことは決して考えないようにしてください。まず、相手の話に興味を持つ、相手にベクトルを向けることです。

5. 相手の表情や話しているときの仕草までよく観察し、その言葉に出ている内容だけではなく、ぜひその裏にある気持ちを読み取ってください。どんなことが起こっているから今その状況にあるのか「気持ちを聴く」「心で聴く」「クリアに聴く」ようにしてください。

とにかく本質に到達するために、正しくヒアリングしてください。相手の表情や仕草、話しづらそうにしているのか、活き活きと話しているのか、注意深く観察しながら聴いてください。

このSTEP2は、犯人探しや原因追及が目的なのではありません。絶対に相手を「責めている」印象を与えないことが大切です。

現状こんなことが起こっているが、なぜ今そこにとどまっているのか聴いていき、相手が「もうこれ以上話すことはない、これが本質」というものに気づくところまでヒアリングできれば、それでいいのです。とにかくたくさん話をさせてください。

できるだけ早く本人が本質に近づく、気づくのが一番いい。そのためには「なぜ自分は今ここにとどまっているのか」「なぜ今問題が起こっているのか」その原因を本人にたくさん話させることが重要です。本人の気持ちも話させましょう。

「どうせ原因をヒアリングしてもダメだろう」と勝手に決め込んで相手を責めるようなことは、絶対にしてはいけません。そこは決して間違わないようにしてください。

自分の中にある負の部分やその原因の部分をすべてきちんと吐き出したとき初めて、その原因を改善するためにどうすればいいのか、自発的に意見が出てきます。

それが出てくれば次のSTEPに移ることができます。ここを吐き出させることなく次のSTEPに移ることはできません。

大事なこと
・感情抜きで冷静に事実確認
・相手にとことん話をさせる
・気持ちを聴く、心で聴く、クリアに聴く

まず、準備資料をもとに、感情抜きで、冷静に、事実確認しましょう。

それから、その原因を探るのですが、相手にとにかく思う存分話をさせ、事実をしっかり認識させ、できる限り本質に気づかせるところまで、近づけて行きましょう。

そのためには「気持ちを聴く」「心で聴く」「クリアに聴く」「ニュートラルに聴く」必要があると考えています。

第5講 STEP3 期待値の伝達／理想像のすり合わせ

本講では、一人ひとりにピッタリ当てはまる効果的な期待値の設定方法を解説していきます。期待値とは、こちら側から面談相手に期待する内容のことです。

そして、設定した期待値をどのように伝えていくのか、その伝え方を学んでいきます。伝え方によって、相手のやる気や行動が全然違ってきます。

最後に、面談対象者の短期・中期・長期の成長ビジョンを作成するワークをやっていただきます。相手との会話形式ではなく、自分だけで作成します。

期待値を伝達するためには、まず、面談対象者全員について、一人ひとり個別に、どのように成長し、どんな役割を担ってほしいのか、将来に向けた成長ビジョンを作る必要があります。必ずそれを作成した上で、面談に臨んでください。

本講の目的
・面談相手のやる気が増す「期待」の示し方を知る
・同じ期待値でもどのように伝えられるとやる気が増すのかを知る
・面談対象者の成長ビジョンを具体的に作り上げる

ぜひ、面談対象者一人ひとりに対して具体的な成長ビジョンを作り上げてください。それができれば、新しく採用した社員はもちろん、既存の社員に対しても、そのビジョンに沿った面談を実施できるようになります。また、ビジョンに沿った期待値の設定の仕方や、効果的な伝え方を身につけることができます。

1．一人ひとりにピッタリ当てはまる効果的な期待値の設定方法とは？

期待値とは、基本的にはこちらで設定するものですが、こちらの期待値を伝えるだけでは、相手がその内容を受け止めて、やる気になるかどうかはわかりません。こちらの期待値だけを押し付けてもうまくいきません。

相手がどうなりたいのか聞き出しながら、相手の理想像とこちらの期待値をしっかりとすり合わせた上で、最終的なゴールを設定してください。このすり合わせをきちんとやってお互いが納得していないと、決して相手はやる気になりません。

すぐに取りかかっていただきたいことは次の通りです。

まず、短期・中期・長期で目の前の相手にどのように成長してほしいのかというビジョンを作成してください。そのビジョンを作成した上で、今回はここまで成長してもらおうという期待値を設定し、伝えてください。

同時に、相手にも、自分がどう成長しどうなりたいのか、自分にとっての理想はどんな状況なのか考え抜いてもらい、こちら側の期待値とすり合わせをします。

大事なこと
- 面談対象者についての理解度を上げる
- 面談対象者に対する短期・中期・長期のビジョンを持つ

面談対象者の情報をどれだけ知っていますか?　どれだけ理解していますか?

ワークへの取り組みを通じて、相手のことをいろいろな側面から理解してください。面談対象者一人ひとりの、年齢や家族構成、人生観、価値観、仕事に対するやりがい、夢など、できる限り多くの情報を把握するようにしてください。

社長や幹部社員が、社員一人ひとりの人生、生活、やりがい、夢などに関心を持ち、会社の仕事を通してより良い状況を作ってあげたいと願い、誠実に関わって面談をするとどうなるでしょうか？

社員は、きっと、社長や幹部社員の皆さんのことを信頼し、この人と一緒にこの会社をより良くしていこうと考えるようになるでしょう。

そのためにはまず、社長や幹部社員などの面談者が対象者についての理解度を上げ、会社の仕事を通じて彼らにどう成長してもらいたいのか、短期・中期・長期のビジョンを作成していくことです。

【ワーク①】面談対象者の強み（良いところ）をあげてみる（複数人分）

実際にワークをやってみましょう。まず最初に、対象者の強みや良いところをあげてください。今から７分間で、複数の対象者を想定し、強み、長所などをできるだけ大量に書き出しましょう。

そして、１人あたり何個の強みをあげることができたか、数えてください。

さて、1人何個の強みが出てきましたか？　おそらく1人5～10個、多くても15個ぐらいではないでしょうか。それを1人最低30個ぐらいまで増やしてください。どんな小さなことでも構いません。とはいえ、簡単には出てこないと思います。そこで、ひとつ良いやり方をお伝えします。

それは「リフレーミング」という方法です。「リフレーミング」ですからフレームを新たにすること、つまり、物の見方や捉え方を変えてみる、ということです。

人は、他人の短所や弱いところはたくさん見つけることができるものです。それを長所に捉え直す、そんなことはできないでしょうか？

たとえば、今、私は63歳ですが「もう63歳」と捉える人もいれば「まだ63歳」と捉える人もいます。「とても優柔不断だ」と思う相手がいたとしたら、それは「幅広く物事を考えている」＝「思慮深い」と捉え直すことはできませんか？「神経質」は「几帳面」、「飽きっぽい」は「好奇心旺盛」と捉え直すことができるのでは？　そう考えると、相手の「問題だな」と思うことが長所に変わるかもしれません。

そんな「リフレーミング＝捉え方を変える」にチャレンジしたり、もっともっと小さなことまで認めてあげたりして、もう1度、強みや良いところを考えてみてください。5分間で最低でも15個、できれば30個ぐらいあげてください。

さて、何個ぐらい増えましたか？　合計でいくらになりましたか？　数えてみてください。

このように深く観察し、リフレーミングや小さなことまで認めるというやり方で、1人30個以上の強みを出してください。そして、多くの社員を肯定的に捉え、できる限り強みを認めることができる経営者になってください。

【ワーク②】面談対象者の短期・中期・長期のビジョンを作成する（複数人分）

続いて、社員全員に対し、短期・中期・長期のビジョンを作成してみましょう。

精緻に作成する必要はありません。一人ひとりに対して短期・中期・長期をどれぐらいの期間で設定するのかも、自由にお考えください。たとえば、人によって、短期を1ヶ月後、中期を1年後、長期を3年後とする場合もあれば、短期を1年後、中期を5年後、長期を10年後としてもかまいません。

期間の設定は、社員との関係性や、仕事の内容、その人に対する期待値によって変わってきます。一人ひとりに対して個別に短期・中期・長期の期間を設定し、その間に、その人がどうなって、どんな仕事をこなし、どんな技術を身につけ、どんな役職に就いてほしいのか、どんなことでもいいので、その方に望むビジョンを作ってみてください。

必ずしも明確でなくても結構です。10分間で、大体こんな人に育ってほしいというものを書いてみてください。

Aさんは、どんな方に対して、どんな短期・中期・長期の目標を設定しましたか？

A：1人は40代男性です。1年前に週1回の非常勤で入社、現在は常勤同様に働いています。短期的には介護施設の管理部門を仕切らせ、中期的には施設長として部下を育成させ、長期的には当社役員として私の右腕になってほしいと考えています。その考えは既に面談で伝え、本人の了承をもらっています。

もう1人は、50代女性です。介護施設の調理担当者です。短期的には新たに採用する正職員を部下につけて指導させ、長期的には10年後の定年を意識して自分の後継者を育成してほしいと期待しています。

非常に具体的なイメージが伝わってきました。ぜひ、そのイメージがリアルに伝わるような文書を作成しておいてください。

Bさんはいかがでしょうか？

B：1人は、30代女性です。短期的には、3ヶ月で、フィットネスクラブの施設運営スタッフとして、自分だけではなくスタッフ全員の行動について、お客様満足度を向上できるように、自ら考え、自ら把握し、自ら行動に移せるようになること。中期的には、1年後、施設運営スタッフのリーダーとして、自分で課題設定ができ、それに対する行動計画を作成して、PDCAを継続的に回し、改善できるようになること。長期的には、3年後、店長代理として、新しい試みについて自ら発信し、自らの経験をもとに人材を育成できるようになること、としました。

もう1人は、20代女性です。短期的には、3ヶ月で、フィットネスクラブのトレーナーとして、仕事に関するスキルをマスターすること、中期的には、1年で、トレーニングスタッフのサブリーダーとして、仕事全体の仕組みを理解し後輩への指示もできるようになること、長期的には、3年で、トレーニングスタッフのリーダーとして、部下の人材育成ができるようになることです。

Bさんも、自分がやってほしいビジョンを相手に伝えたとき、相手が「なるほど、社長が私に期待しているのはこういうことか」と明確にイメージできるように、「**ビジョン文書**」を作成してください。

ポイントは、誰が聞いても「社長が期待しているのはそういうことか」とわかるように文章化

することです。

具体的に何ができるようになればいいのか、どういうスキルを身につければいいのか、どんな対応ができるようになればいいのか、どんなことが自分自身に求められているのか、具体的かつ明確に文章化してください。

「ビジョン文書」を作成しておくと、自分の期待値を伝えやすくなり、相手も自分が期待されていることが、明確にわかるようになります。

おさらいすると、面談対象者全員の一人ひとりに対して、まず強みをできる限り多く見つけ、次に短期・中期・長期でビジョンを設定し、そしてそのビジョンを伝えるとき、社長の期待値がイメージとして具体的に伝わる文章を、作り上げてください。

【ワーク③】面談対象者をやる気にさせる「期待」を書き出す

それでは、これまでのワークを踏まえて、今度は、その対象者がどんなことを期待されるとやる気になると思うのか、考えていただきたいと思います。5分間で、書き出してみてください。

【A社長・B社長の場合は？】

Bさん、いかがでしょうか？

B：30代の女性は、施設運営スタッフとして、本人の夢やビジョンに近づけるスキルやマインドを持つようになることと伝えると、やる気になると思います。
20代の女性は、トレーナーとして、本人にしかできない内容を期待値に設定すれば、やりがいや意欲を感じると思います。

Bさんの言う通り、**まず1つは、相手に伝えたことが相手の成長に繋がるということです。これは非常に効果的です。もう1つは、相手にしかできない、あなただから頼んでいる、あなただから是非そうなってもらいたい、というメッセージが伝わると、とても響きます。**

Aさんはいかがでしょうか？

A：40代男性と50代女性、両方に共通するのですが、明確な基準に基づく給与設定や人事評価、あと将来設計がしやすい待遇などを明示しないと、モチベーションは上がらないと思います。
40代男性に関しては、それらに加え、やりがいや周囲からの信頼、ワークライフバランスが取りやすい環境などがあれば、やる気になると思います。50代女性は、社長からの承認やお客様からの感謝と笑顔が、一番やる気につながると思います。

おっしゃる通り、明確な基準を設けた給与や人事評価のように数字で表すことができるもの、具体的で明確な評価・報酬の基準は、非常に大切です。ただ、これらは相手に対する期待値ではなく、会社側が用意する物になりますので注意が必要です。

男性の場合は「やりがい」や「周囲からの信頼」、女性の場合は「周囲のお客様からの感謝や笑顔」がやる気を引き出します。承認欲求の強い方は「社長の承認」が伝える期待値の中に入っていると、非常に意欲を刺激できます。

また、多くの方に共通する内容だけではなく、その人だけに響く言葉を見つけて伝えると、きわめて大きな効果が上がります。

たとえば、「情熱」「達成」「改革」といった言葉が響く方には「一緒に、何々を達成しましょう」とメッセージを伝えるとよいでしょう。「愛」「無償の愛」といった言葉が響く方は、お願いされるような形で物事を頼まれると意欲的になると思います。

調和や周囲を大切にする方には、「自分の役割」や「周りから与える影響」といった言葉を使えば、敏感に反応してくれるかもしれません。知性的な方には、あなたしかできないので教えてください、というメッセージを伝えると、反応が一変するでしょう。

誰にでも共通する内容以外にも、その人のタイプを分析し、それに合わせて、どんな伝え方でどんな内容のことを伝えればやる気になるのか、一人ひとり個別に考えてください。そこまで考え、伝える内容を変えると、全然対応が違ってきます。ぜひトライしてみてください。

2. 期待値を具体化する（スマートの法則）

短期だけでなく中期・長期も合わせて目標やビジョンを設定し、期待値を伝えていくのですが、通常は、短期の目標設定に向けて、面談でどんな期待値を伝えるのか、それがやる気を引き出す内容になっているのか、ということが、きわめて重要です。

その短期の期待値を具体化するときには、「**スマート**（SMART）**の法則**」の5項目を入れるようにすると、具体的に何をすればいいのか、イメージしやすくなり、目標として追いかけやすくなります。

「S」は「Specifuc（具体的に）」

誰が読んでもわかる、明確で具体的な表現や言葉で書き表すことです。何となくわかるが、具

期待値を具体化するために

Specific 具体的に	誰が読んでもわかる、明確で具体的な表現や言葉で書き表す
Measurable 測定可能な	目標の達成度合いが本人にも上司にも判断できるよう、その内容を定量化して表す
Achievable 達成可能な	希望や願望ではなく、その目標が達成可能な現実的内容かどうかを確認する
Relevant 関連した	設定した目標が自分が属する部署の目標に関連する内容になっているか、目的に沿っているかどうかを確認する
Time-bound 期限が明確	いつまでに目標を達成するか、その期限を設定する

体的には何をすればいいのかわからないという内容では、やる気を喚起できません。

「M」は「Measurable（測定可能な）」

目標の達成度合いが、本人にも伝える側にも判断できるように、その内容を定量化することです。具体的な数字に落とし込むようにしましょう。あるいは「資格の合格」といった明確な内容を規定してください。

「A」は「Achievable（達成可能な）」

希望や願望ではなくその目標が達成可能な現実的な内容かどうかを確認することです。ここが非常に重要なところです。

先ほど、短期・中期・長期のビジョンを設定していただきました。

その短期の中でも、次の面談までの間、どこまでの目標設定をするのか考えるとき、あまりにも高過ぎる目標や希望的な目標であれば、壁が高過ぎてなかなか取り組みができず、すぐに挫折してしまいます。

逆に低過ぎて簡単にできることであれば、すぐに実現してしまいますので、これもあまりやる気には繋がりません。高過ぎても低過ぎても良くないのです。

一生懸命頑張ればギリギリ届く（リーチャブルとも言います）、背伸びしたらそこに届く、頑張れば届くかもしれないという目標設定が、きわめて重要です。

「R」は「Revalent（関連した）」

設定した目標が、相手や相手の属する部署、会社全体の目標に関連する内容になっているか確認してください。面談で伝えられたことを達成することが、相手の人生の目標や価値観に沿っているか、そこに近づいていくものになっているのか、十分吟味しましょう。

「T」は「Time-bound（期限が明確）」

いつまでにその目標を達成するのか、その期限をきちんと設定してください。

ビジョンも、面談中に伝える期待値も、この「スマート（ＳＭＡＲＴ）の法則」の5項目に基づいて作るようにしてください。

スマートの法則に基づいて伝える期待値を作った後、それをどのように伝えるのか、という伝え方に、「YOUメッセージ」と「Iメッセージ」があります。

YOUメッセージとIメッセージ（例）

担当地区での販売実績を今より20％上げてほしいという期待値を伝える場合

「YOUメッセージ」

「この地域での販売実績を今より20％上げてくれ」

⬇

「Iメッセージ」

「この地域での販売実績を今より20％上げてくれると、○○君の大きな自信にもなるだろうし、私も非常に嬉しい」

たとえば、担当地区で販売実績を今よりも20％上げてほしいという期待値があったとしましょう。非常に具体的かつ数字で表した目標です。そこまで達成するのは非常に困難ですが頑張ればできる内容となっています。そこに到達すれば自分の目標も会社の目標も達成できるので目標にも沿っています。期限は仮に1年後とします。

この期待値を伝えるとき、「この地域で販売実績を今よりも20％上げてくれ、頼むよ」と言うならば、これは「ＹＯＵメッセージ」になります。

「ＹＯＵメッセージ」は、ここでは具体的に主語が入っていないのでわかりにくいかもしれませんが、主語を入れるとすると「あなたは」となります。「あなたは、この地域で今よりも販売実績を20％上げなさい」という「指示命令」なのです。

もう１つの伝え方では、主語が「私」に変わり、「この地域で販売実績を今よりも20％上げてくれると、〇〇くんの大きな自信にもなるだろうし、私も非常に嬉しい」となります。すなわち、私のメッセージ＝「Ｉメッセージ」です。

「ＹＯＵメッセージ」で伝えるよりも「Ｉメッセージ」で伝えた方が、多くの人はやる気になり、自分事として捉え、行動に移しやすいことがわかっています。スマートの法則で目標を設定して期待値を伝えるときは、「ＹＯＵメッセージ」ではなく「Ｉメッセージ」で伝えるようにしましょう。

「Ｉメッセージ」で期待値を伝える練習をしてください。「Ｉメッセージ」で伝え、伝えた内容を相手に確認してください。

先ほどの例であれば、「この地域で販売実績を今より20％上げてくれると、あなたの大きな自信にもなる。それを達成してくれたら僕もすごく嬉しいと思う。どうだろう、やってもらえるだろうか？」という感じです。

それが本人も望む姿なのであれば、そのまま目標として設定すればよいのです。もし、私はもう少しやりたいし、できるというなら、25％とか30％という目標に変えてもいいし、そこまでは難しいというなら、15％という目標に変えた方がいいかもしれません。

このように、こちらの期待値と相手の理想をすり合わせていきます。こちらが「Ｉメッセージ」で伝えた期待値を相手の理想とすり合わせし、最終的にこちらではなく、あくまで本人自身に、目標を設定してもらうのです。

【ワーク④】「Ｉメッセージ」で期待値を作成する

先ほど決めた、短期的に相手に伝える期待値を、スマートの法則に基づいて、「Ｉメッセージ」で作ってみましょう。面談対象となる社員に対して、短期のビジョンを設定しましたね。それをもとに、スマートの法則に基づいて短期的な期待値を設定し、それを「Ｉメッセージ」で文章化してみてください。

面談の中でそれを読めば、そのまま相手に短期的な期待値が伝わる、そういう文書を8分間で、作ってください。

「Ｉメッセージ」には、2つのことを入れてください。「相手に与える良い影響」と「自分の感

情」です。

「相手に与える良い影響」とは、成長することかもしれないし、周りの人たちから認められることかもしれないし、お客さんから感謝されることかもしれません。

「自分の感情」とは、それを達成することで面談する側が持つ感情です。この2つを必ず入れてください。伝える内容は、スマートの法則に基づいて作成してください。

【A社長・B社長の場合は？】

Bさん、いかがでしょうか？

B：30代女性に対しては「3か月以内に売上金額や顧客満足度の設定目標を達成し、施設運営スタッフを引っ張ってもらえると、当社の存在感が向上し、私も嬉しい」と伝えたいと思います。

「スマートの法則」に沿っていて、非常にいいですね。まず、数字が入っていて、具体的に何をすれば良いかわかります。達成可能かどうか私は判断できませんが、仮に可能だとすると、そのことが会社の存在感を高めていくという会社の目指す方向に関連付けられています。期限も「3ヶ月以内」と明確です。

次に「Iメッセージ」になっているかというと、「この部署を引っ張ってくれると嬉しい」という「自分の感情」が入っているのが非常に良いと思います。また、そのことを達成することで相手にどんな良い影響があるのか、相手の成長に繋がるのか、相手への信頼感が高まるのかという「相手に与える良い影響」も入っていると、さらに良くなると思います。ぜひ、それを入れてあげてください。

もう1人の20代女性については、いかがでしょうか?

B:「3か月以内に、トレーナーとして、顧客の課題や悩みに対して提供できる価値を提案することによって、顧客獲得率の設定目標を達成してもらいたい。これを達成できれば、あなたの今後のキャリアにも必ず役立つし、私も嬉しい」と伝えたいと思います。

その人に対する「自分の感情」も入っていて、期限も明確で、会社の戦略に関連している内容になっていて、非常に良いと思います。顧客獲得率の数字が明確になっていると、さらに良くなると思います。

それでは、Aさんは、いかがでしょうか？

A：40代男性に対しては「来年1月までに10年間のビジョンと来期の計画書を一緒に作成し、会社全体を把握してもらえると、来年管理部門を仕切る課長になることがみんなからも認められ、私も会社作りに取り組める社員が増えて嬉しい」と伝えたいと思います。

「スマートの法則」の項目がすべて入っていますね。具体的で測定も可能です。達成可能かどうか私はわかりませんが、会社の方向性に合っているし、本人が課長になり、みんなに認められる存在になるという「その人に与える良い影響」も入っています。最終的にそれが作成できれば自分自身も非常に嬉しいという「自分の感情」も入っていて、とても良い内容になっていると思います。

あえて言えば「自分の感情」を伝えるとき「私も良い会社作りに取り組む社員が増えるのが嬉しい」というのは、「全体的な自分の喜びをその人に伝えている」という感じになっているので、たとえば、「それをあなたが主導で達成してくれると、私もあなたのことを高く評価できて、自分としても非常に嬉しい」と、**その人だけに対する「自分の感情」を伝えていただくとさらにやる気に繋がると思います。**

50代の女性に対してはどうでしょうか?

A:「部下を作って調理担当者を増やし、顧客満足度を高めることで、新しいメニュー開発や、新しいイベント料理の提供などで、もっと利用者の笑顔を増やすことができる時間が取れるようになり、私も会社も嬉しい」と伝えたいです。

この期限はいつまででしょうか?

A:まず部下を採用しないといけないので「来年まで」とします。

期限をぜひ入れてください。あと「もっとできる時間を取れることが、私も会社も嬉しい」というのは、その人に対する「自分の感情」が入っていて良いと思います。

まず、社員の強みや良いところをできるだけ多く洗い出してください。
それから、その人に対する短期・中期・長期のビジョンを明確にしてください。
そして、短期のビジョンの中で、一人ひとりの現在の成長度合いに合わせて、面談の中で伝える期待値を、スマートの法則でしっかり設定し、効果的な「Ｉメッセージ」で伝えていきましょう。

面談対象者全員に対して、これができるようになってください。

これをやっていただければ、必ず、面談ごとに、その人をより良い状態へと育て、描いたビジョンに沿って、その人を成長させていける、と思います。

本講は以上になります。それでは、本講の気づきについてお知らせください。

Ａさん、お願いできますか。

Ａ：会社の会議でも、こちらは伝えたつもりになっていて、実は社員には伝わっていないというケースが、結構多いと感じています。今日の講義で「スマートの法則」の項目が明確になっていなかったからだ、と気づきました。

また、少し背伸びしたら届きそうな目標設定、というのが難しいですね。できないと思い込んでいる人に、どう説明して、どう自発的にやるようになってもらうのか、非常に困難を感じています。

そこは、やりながらつかんでいくことになると思います。こちらがきっとできるだろう、と思っても、期待が重荷になって潰れてしまうこともあるかもしれないし、逆にその程度しか期待されていないのか、と感じる人もいるかもしれません。そのさじ加減はやりながらつかんでいくしかないのかな、と思います。

B：社員に対して真剣に考えることで、あらためて、良い点を数多く見つけることができました。どうすればやる気が出るのかという視点で期待値を考えることと、十分に事前準備をしておくことによって、面談がとても効果的になるだろうと感じました。

その通りです。ぜひ準備をしっかりして、社員に期待値を効果的に伝えられるようにしていってください。

大事なこと

・社員一人ひとりに対して、短期・中期・長期の成長ビジョンを考える
・現在の成長度合いに合わせて期待値を考え、効果的な伝え方をする

第6講

STEP 4　方法論の検討

前講（STEP3「理想像のすり合わせ」）で、こちらの期待値を「Iメッセージ」で伝え、相手の理想像を聞き出してすり合わせをし、ゴールを設定しました。
本講では、その理想像に近づくための方法論を相手から引き出す効果的な方法をお伝えします。

本講の目的

・理想像に近づく方法論を面談対象者自身に出してもらう

1. 優秀な経営者が陥りがち！ 間違った助言の内容と、それを与えているタイミングとは？

ＳＴＥＰ４の「期待値に近づくための方法論の検討」で、最も大事なポイントは、面談対象者の考えを聞かずに「こちらが考える良い方法」を伝えてはいけないということです。

面談するこちら側でも、ゴールに近づくための方法論はいくらでも考えつくと思います。ある程度、最短ルートもわかると思います。そうすると、ついついすぐそれを教えたくなります。できる経営者ほどそうなります。その方が話は早いし、こちらの優位性を保つこともできるからです。部下も「社長の言うことであれば間違いない」とそのまま実行します。気がつくと、その繰り返しになっている、そんなことになりがちです。

ところが、それをしている限り「自律・自立型社員」は決して育ちません。きわめて重要なことですので、もう一度言います。

相手の考えを十分に聞く前に、すぐ「もっと良い方法がある」と言ってこちら側から教えようとしないでください。

とにかく徹底的に考えさせ、できる限り多く、方法論を出させてください。1つや2つ出てきたところで「その方法もいいがこの方法の方がいいよ」とつい教えてしまいがちです。何度も言いますが、それをしている限り「自律・自立型社員」は育ちません。「他にはないか、もっと考えてみよう」と、あくまでも相手自身に考えさせてください。

ゴールに行くための方法は1つや2つではなく、たくさんあるはずです。それを相手自身にしっかりと考えさせる、とにかく量を出させる、このことが、きわめて重要です。

ここで、第2講で解説した「面談のための7つのスキル」について、あらためて触れておきたいと思います。

①「ラポールを築くスキル」

相手と関係性を築きます。

②「質問のスキル」

質問を通して、相手から色々な答えを引き出します。これが非常に重要です。

③「ヒアリングのスキル」

どんな状態であれば正しくヒアリングができるのか、相手が話しやすくなるのか、技術的にも、考え方にも、ノウハウがあります。

④「要約のスキル」

「ゴールに向かう方法論として大量に出してもらったが、これとこれとこれで間違いないか?」と相手が言ったことを要約してフィードバックし、確認を取っていくという重要なスキルです。

⑤「期待値の伝達のスキル」

前講でお伝えしたものです。正しい期待値を「スマート（SMART）の法則」に基づいて設定し、それを「Iメッセージ」の形で伝えていくものです。

⑥「沈黙のスキル」

「ゴールに行くための方法はないか?」と問いかけたとき、1つ2つ出てきて、3つ目4つ目が出てこないことがあります。

少し途切れて沈黙になったとき、すぐこちら側から沈黙を消してアドバイスしてしまいがちで

すが、絶対にそれをやってはいけません。

十分考え抜いて方法論を出してもらわないといけないのに、それが出てこないまま次のステップに行く形になり、「自分の考えに基づく行動」に繋がらなくなってしまうからです。そうなると、自発的に行動に向かう熱量は、低くなります。

沈黙を怖がらずにむしろ沈黙を活用し、相手から答えが出てくるのを待つというスキルをぜひ身に付けてください。習得が難しいですが必須のスキルです。

⑦「目標設定と計画策定のスキル」

たくさんの方法論の中からどれを選択し、具体的な行動・時間などを設定するスキルです。このスキルについては、特に第8講で説明したいと思います。

本講では「質問のスキル」や「ヒアリングスキル」「要約のスキル」「沈黙を活用するスキル」など、すべてのスキルを総動員して、ワークに取り組んでください。

センスを身に付けるには数をこなすしかありませんが、そのベースとしてこれらのスキルを事前に理解しておくことが前提になります。

ここであらためて「正しくヒアリングするためのコツ」をおさらいしておきましょう。

正しくヒアリングするために（再掲）

1. 価値観に寄り添う
2. 先入観を捨てて白紙で聞く
3. 興味関心を持つ
4. 意識を常に相手に向ける
5. 自分を空っぽにする

「方法論の検討」で相手からできるだけ数多く方法論を出してもらうときには、大前提として「意識を常に相手に向ける」必要があります。よほど注意をしていないと、すぐ「内的会話」をしてしまうからです。

その上で、価値観に寄り添ったり、先入観を捨てて白紙で聞いたり、興味関心を持ったりできないといけません。それができなければ、こちら側の先入観や価値観が出てきてしまい「私の判断では、そんなことをしてもゴールに近づかない」と思い、相手の言うことに興味関心を持って聞けなかったり、否定したりします。それを言葉に出さなかったとしても、表情や態度に出てしまうので、相手に伝わってしまいます。

そうなると、相手は「もっと方法論を出そう」という気持ちが萎えてしまいます。自分自身を空っぽにしてください。皆さんは自分なりの答えをお持ちでしょうし、おそらくその方が効果的だろうと思います。だとしても、いったんは、自分の価値観や個人の事情、今までの経験は捨ててほしいのです。

どんな答えが出てきたとしても、まずはその答えに寄り添い「そういう方法もあるね」と受け入れてください。このことが、きわめて重要です。

また、これも第2講でお伝えしましたが、うなずき、リアクション、笑顔、それだけでも相手は話しやすくなります。ペースを合わせたり（ペーシング）、身振り手振りを合わせる（ミラーリング）ことも効果的です。

これらを通して、共感や安心感、信頼感を与え、相手が「話しやすい。何を言っても大丈夫だ。間違ったことを言っても否定されない」と自分らしく振舞える状況を作り上げてください。

2. 面談対象者に大量の方法論を出してもらう

誰かの指示で行動した場合、それが良い結果を生めば「指示のおかげで成功した。また指示を待って行動しよう」となります。悪い結果の場合は、「指示が誤っていて悪いことになった。自分のせいではなく指示のせいだ」となります。

このように、他人の考えに基づいて行動すると、結果の良し悪しに関わらず他人事となり、次につながる改善の意欲が出てきません。

自発的に考えた上での行動であれば、反省や自信に至り、次につながるアイディアが自然と出てきます。これが成長です。

大事なポイントなので、次の4つのパターンで説明させてください。

①他人の考えに基づく行動⬇悪い結果⬇不信⬇申し訳ない気持ちや焦り

たとえば、社長から「そこのゴールに行くためにはこれをやりなさい」と指示命令され、それを実行したとします。もし、社長に言われた通りにやって悪い結果が出た場合、「言われた通りにやったのにうまくいかない」と不信感を持ったり、「せっかく社長が言ってくれたのに自分はできなかった、申し訳ない」という気持ちや焦りが出てきたりします。

②他人の考えに基づく行動⬇良い結果⬇盲信⬇次の指示待ち

よくあるパターンです。たとえば、社長に言われた通りにやってとてもうまくいったとします。

そうすると社長に対する信頼も高まるでしょうが「社長に頼ろう」という気持ちも強くなり、次も「指示待ち」になってしまうのです。「社長に言われた通りやった方がうまくいく、自分が考えてやったらうまくいかないかもしれない」という考えになるのです。こうなると「自律・自立型社員」は決して育ちません。

③自分の考えに基づく行動⬇悪い結果⬇反省⬇見直して次にチャレンジ

自分の考えに基づいて自分が出した方法論で行動したとき、仮に悪い結果が出たとしても、それを自ら反省し見直して次のチャレンジをしていく、どんどん経験を積ませる、そんな機会を作ってください。ぜひ、社長ご自身の器を広げ、そういうことが許容される社風にしていただきたいと強く思っています。

④自分の考えに基づく行動⬇良い結果⬇自信⬇次の行動も自分で考える

最も良いパターンです。自分の考えに基づいて行動し、少しでも良い結果が出たとなれば必ず自信に繋がりますし、次も自分で考えて行動し新たな結果を作り出す好循環になっていきます。本講のＳＴＥＰ４「方法論の検討」というのは、④の「自分の考えに基づく行動」へ持っていくためのノウハウなのです。

【A社長・B社長の場合は？】

ここまでで、質問や気づきなどありませんか？　Bさん、いかがですか？

B：考えさせて答えを待つ、というのは、難しそうですね。「それは絶対違うだろう」という答えが出た場合、どうすればよいでしょうか？　反省させる意味で、一度やらせてみた方がいいのでしょうか？　それで失敗した場合、どう修正すればいいのでしょうか？

それは、Aさんのお話も聞いてから検討しましょう。Aさん、いかがですか。

A：まったく同じことを考えていました。「絶対違うだろう」という答えが出てきた場合の対処方法を教えてください。

また、沈黙して待つのだとしたら、30分しかない時間の中で、何分くらいまで待てばいいでしょうか？

あるいは、沈黙が、相手に対する「圧力」になって、相手を委縮させてしまわないでしょうか？

「絶対違うだろう」という答えが出てきたとしても、それを実行させるかどうか、決めるのは次のステップです。この段階はあくまで「方法論の検討」ですから、いったん、どんな答えであっても出させてください。

「この人はこんな方法を実行したらそこに到達すると思っているんだな」ということがわかればそれでいいと思います。ただし「絶対に結果に繋がらないだろう」と思っていることを、わざわざ実行させる必要はありません。その見極めは次の第8講でお伝えしますが、まずは、とにかく相手からたくさん出させて、どんな内容であっても否定も評価もせずに、数を出させて下さい。

沈黙に関しては、何分くらいまでの沈黙がいいのか、どこまで待てばいいのかというのは、与えられた時間やその人との関係性、話している内容によって変わってきますが、**何か促すような言葉、「何か出てきそうですね」とか「今どんな感じですか」といった言葉を間に入れていただくのは良いと思います。**

その上で、できるだけ「本当にもうこれ以上何も出てきません」というところまで、待ってあげてください。

こちらの待っているときの態度とか表情とか、そういうものは必ず相手に伝わります。

「この人は今、私の答えを、急かしもせず、絶対出せという圧力もかけず、ニュートラルな状態で待ってくれている」と感じさせるような表情、態度、考え方で待つようにしてください。

大事なこと

・面談対象者から答えが出てくるまで沈黙して待ち、「自分が思いつく良い方法」をすぐに教えようとしない。

・面談対象者からどんな答えが出てきたとしても、まずはその答えに寄り添い、受け入れ数を出させる。

第7講

STEP5　助言の提供

STEP５の「助言の提供」は、相手から大量に方法論が出てきて「もう出せません」と言われたときに初めて、こちら側から助言する、というものです。

ここで大切なことは、「指示命令」ではなく、相手が出した方法論をあくまでも「補完する」というスタンスで、アドバイスすることとです。

相手から数多く方法論を出してもらうと、こちらから見て「それは違うだろう」と思うものも少なくないでしょう。そのとき「そういう方法もあるのはわかったが、私の言う方法の方がいいからそれをやりなさい」という助言は、絶対にしてはいけません。

それをしてしまうと、相手は「せっかく考え抜き、できるだけ多くと思って出した方法論が否定された」「結局、指示されたことをやらされるだけだ」という感覚になります。先ほどご紹介した「他人の考えに基づく行動」になってしまうのです。

相手が出した方法論を尊重し、あくまで「補完する」形で、アドバイスしてください。

「あなたが言ったこの方法に、これを付け足してはどうか」「あなたが出した方法論をこんな人にサポートしてもらい、こう進めてはどうか」など、相手が言ったことがうまく進むような「助言の提供」をしてください。

本講の目的
面談相手が出した方法論を尊重し「補完する」という形でアドバイスするという助言の与え方と効果的なタイミングを知る

一言で言うと、すべて本人に決裁権を委ね、本人に決めさせてください。

こちらが助言するとしても「最終的にそれを実行するかどうかは、あなたが決めること」と本人に念押ししてください。

そこまでして初めて「助言を受けたこと」が「あくまで自分自身が最終責任を持って、実行すると決めたこと」になります。

必ず、すべて、本人に最終的に決裁させるようにしてください。

大事なことは2つだけです。

①とにかく補完するアドバイスをする
②それを採用するかどうかは本人に決めさせる

これをぜひ実行してください。
そうやって、主体性を損なわずに成功体験を積ませることで、相手に自信がついていくのです。

1. 失敗の許容範囲内で「決裁」を委ね、逸脱しそうなら「助言」する

【A社長・B社長の場合は？】

何か疑問点とか確認とか、感想とか、ありますか？

B：相手が出してきたことに対して修正するとき、どうしても自分の主観が入ってしまうと思うのですが。

それはかまいません。こちら側が「この方法が絶対いい」というものを持っているのであれば、いかにそれと相手が言ったことを組み合わせて近づけていけるか、ということが重要になります。

けれども、最終的には相手に「誘導されてやるのではなく自分が決めたこととして行動する」と腹を括らせてください。「社長に誘導されてそちらに引きずられている」と思わせないようにしてください。

Aさん、いかがですか。

A：助言を与えるタイミングとか、本人に決裁権を持ってもらうということを、今までも実践していたつもりでした。ところが、社員からは「社長に言われたからやった」と言われます。そこで「やるかどうかを決めたのはあなたでしょう」と返すと、社員は不満そうにしています。「いやならやらなければいいのに。社長に言われたことを言い訳に使うな」と思っています。

今まで、本人から方法論を出させる形ではありませんが、選択肢を提示して本人が選べる形にしてきました。明言したわけではありませんが「自己決裁権は本人にある」ことを示してきたつもりです。

しかし「決裁権が本人にある」というマインドセット（自覚）を浸透させるのは、非常に難しいと感じています。どうすれば自覚するのでしょうか？

今までは、本人に決めさせているようで、結局Aさんが出した選択肢の中から選ばせているだけなので、本人は「自分が決めた」感覚はないと思います。一応「本人が決めた」形にはなっていますが、実態はAさんの提案の中から選んでいるだけです。「自分が考え、自分が出し、自分が決めた」わけではありません。本人は「自分が決めた」実感がないのです。

「すごい面談Ⓡ」のSTEP 4では「こうなってほしい、ここに行ってほしい」というゴールに向かう方法を本人に出させます。できるだけ多く出させた後に初めて、その内容を「補完する」形で助言を提供します。本人が出した内容にあくまで「付加する」だけです。

その上で「あなたが言ったことに少し付加した。最終的にやるかどうかはあなたが決めなさい」と相手に決裁権を持たせるのです。

すると、自分自身が大量に出した方法に対して少しだけアドバイスを付加されただけなので「自分が考え、自分が決め、自分がやった」という実感があります。「社長に言われたからやりました」などと社長のせいにする言葉は、絶対に出てこないはずです。

本人が「自分が言って、自分で決めて、自分がやった」上でうまくいかなかったら、自分に責任があると感じ、自分がしっかり反省し、また考え直し、チャレンジしていこうというマインドになるはずです。これを繰り返していけば、そのマインドが定着していくと思います。

A：それで潰れてしまう人はいないでしょうか？

ゴールまでのプロセスを、必ずうまくいくような、非常に小さなステップ（スモールステップ）に切り分け、小さな成功を積み重ねさせることです。

「本人が決めてやることだから本人が責任を持ってやればいい」と突き放すのではなく、うまくいくようにサポートやフォローをしてください。最初からその後のことも含めてうまくいくように、行動計画を立てるのです。そうすれば潰れません。

潰れそうなら、必ずうまくいく「スモールステップ」をさらに小さくして、成功体験を積ませてください。

最近、負荷に弱い人が多いと言われていますので、小さな成功体験を数多く積ませることが非常に重要です。最終的に行動計画を立てるとき、次の面談までのフォローをするとき、その人が潰れないように十分注意してください。

A：「補完」のレベル感を教えてください。どこまでが「補完」と言えるのか。どこまで、言いたい気持ちを押さえなければいけないのか。ここが自分の最大の課題だと思っています。

最大限、言いたくなる気持ちを押さえ、徹底して本人に考えさせ、決めさせ、やらせてください。

ここまでなら失敗させても会社も本人も大丈夫という許容範囲内であれば、あえてうまくいく方法を教えずに本人が決めたことでやらせて、うまくいかなかったことを本人に認識させて少しダメージを与える、場合によっては、そんなことをしてもよいと思います。

会社の体力や文化、社長の器が試されるところです。どこまで本人に決めさせ、やらせて失敗させても大丈夫なのか、その見極めが重要です。

2. 方法論の検討と助言の提供の実践

それでは、2人1組になり、面談する側と面談される側に分かれて、15分間、ワークをしましょう。終了後、お互いに、感想や気づき、うまくできたこと、できなかったことなどについて、話し合ってください。それが終わったら、役割を交代します。

面談される方は、仕事でもプライベートでも良いので、今問題だと感じている状況を説明してください。その上で、どんな状態が理想なのか、お聞かせください（ゴールは、面談する側とすり合わせをする必要はなく、自ら設定していただいて構いません)。

面談する方は、その理想像に近づくためにどんな方法論があるのか、できる限り多く引き出してください。

途中で方法論が出てこなくなった場合でも、すぐに終了するのではなく、沈黙を活用したり少し対応を促したりして、存分に相手から引き出しましょう。

十分に方法論を引き出したら、それをまとめて相手に伝え、確認を取ります。

その上で、あくまで「補完する」形で助言を与えてください。

第2講、第6講で解説した「面談のための7つのスキル」や「正しいヒアリングスキル」を活用するときです。

【ワーク①】A社長がB社長に面談「苦手な事務作業をアウトソーシングするには?」

A:Bさん、今どんなことに悩んでいるのか、お聞かせください。

B:中小企業にはありがちですが、今、ほとんどの業務を私1人で抱え込んでいます。ついやりたいことに手を出してしまい、やらないといけない苦手な事務作業が後回しになっています。結果的に、その事務作業に多くの時間を取られています。もっと効率的に行動計画を立て、仕事を進めていきたいと思っています。

Ａ：どういう状態が理想ですか？
Ｂ：理想は、苦手な事務作業をアウトソーシングすることですが、今はそこまでお金の余裕がありません。
Ａ：どのぐらいお金がかかるのですか？
Ｂ：任せる内容にもよります。人を雇うなら１人月数十万円かかります。アウトソーシングして部分的に任せるなら月２、３万円で済むかもしれません。ただ、アウトソーシングして根本的な解決ができるのかというと、あまりそうはならないような気がします。
Ａ：今、理想の状態に行くためのお金がないと言われましたが、他にその理想に近づく方法はありますか？
Ｂ：まず、やるべきことを棚卸して、自分でできることと、外部へお願いした方がコスト的にも時間的にもよいことを、区分けするのはいいかもしれません。
Ａ：他には？
Ｂ：自分自身で、何に時間がかかっているのか、ボトルネックは何なのかについて分析することでしょうか。
Ａ：それでは、棚卸する時間とかボトルネックを探す時間は、どう捻出しますか？
Ｂ：言われてみれば、そもそも効率よく仕事をするためにどうすればよいか、考える時間を確保できていません。

Ａ：その時間を確保しないと、棚卸もボトルネック探しもできませんね。

Ｂ：あと、同じような経験をしている人は多いと思うので、どう解決してきたのか誰かに相談するという方法もあると思います。

Ａ：まず、棚卸の手始めに、後回しにしてしまいがちなことをピックアップしてみますか？

Ｂ：社会保険や雇用保険の手続きとかは後回しにして、後でまとめてやっています。

Ａ：他は？

Ｂ：経理関係ですね。請求書などは、ある程度まとまってから一気にやっています。

Ａ：他は？

Ｂ：毎月のイベントは、企画から考えないといけないので、結構時間を取られています。ＷＥＢ広告の運用も、専門スキルが必要なので私１人でやっており、かなり時間がかかっています。

Ａ：もし、それらのことがなかったとしたら何がしたいですか？

Ｂ：今のフィットネスクラブのイメージを払拭するため、斬新なイベントを仕掛けていきたいと考えていて、その企画に時間を掛けたいと思っています。

Ａ：それは楽しみながらできそうですね！

Ｂ：はい。ところが、事務的な作業に時間を取られてしまい、戦略的にも重要な、そういった「企画」の作業に、時間を割けていないのです。
A：話は戻りますが、もしお金の余裕があれば、理想を実現するために何をしたいですか？
B：毎月のルーチン作業を、自分の手から離して人に任せたいですね。
A：バックオフィス（経理や人事、総務など「直接顧客と関わることがない業務」）系ですね？
人を雇うにしても、アウトソーシングするにしても、探せば色々なサービスがあるような気がしますが。
B：探したこともあるのですが、結局、作業的な部分には人手が必要で、すべてをオンライン上で完結させるのは難しいようです。完全に手離れさせるにはやはり人の採用が必要ですね。
A：そのバックオフィス系が解決すると、理想的な状態に近づきますか？
B：そうですね。ただ、人を１人採用すると、月20〜30万円以上かかるので、今の事業計画のままでは無理があります。

―フィードバック―

はい、15分経ちましたのでここまでにしましょう。Aさん、いかがでしたか。
A：あれこれ言いたくなるのを、かなり我慢していました。他人のことはよく見えるので、どうしても口を挟みたくなりますね。本人に気づいてもらえるように質問で引き出すというのは、本当に難しいですね。

ストップウォッチを見ながら「限られた時間内でどこまで方法論を引き出せるのか」「そろそろ助言の方に入らないといけない」と自分との「内的会話」を始めてしまいながら面談していました。

時間を計るのは非常によいことです。時間配分や時間の確認は、自分も把握しないといけないし、相手にも伝えておく必要があります。

A：時間が限られると、つい「内的会話」を始めてしまいますね。特に最後の5分ぐらいは、どうまとめどう方法論を出させるのかという「内的会話」をしていました。

他に気づいたことはありますか？

A：相手に出させようと思っているのですが、こちらの質問が一方的なので、出てくる答えも一方的になってしまったと思います。もっと多角的に自分の中にある答えに気づいてもらえる効果的な質問方法が思い浮かばないまま、時間が過ぎてしまいました。

どういう質問をしたら、別の視点からの回答が出てくると思いますか？

Ａ：「お金がないから外部にまかせられない」なら「もしお金が関係なかったらどうしたいか？」という質問を早めに切り出せばよかったのかなと思います。

理想からスタートしなさいと言われていたのに、まず理想を明確にするということができていませんでした。理想を明確にした上でそこに近づく方法論を出させるような質問をすればよかったと思います。

視点を切り替えさせるための質問としては、相手から１つの視点だけにとらわれた方法論が出ている場合、それをまとめてオウム返しした上で「それ以外の視点で理想に近づく方法は考えられませんか？」と聞くと良いと思いますよ。

たとえば、「Ｂさんは、外注とか人を雇うとかその費用といった視点だけで、バックオフィス系の問題を解決しようとしていますが、それ以外の視点で理想に近づく方法は考えられませんか？」とそのままオウム返しすれば良いと思います。

先ほどは、バックオフィス系の問題からどんどん深掘りしていく感じでした。それも非常に重要なことです。この視点で解決できることを掘っていこうという形で「ボトルネックを探す」「棚卸をする」という方法が出てきました。ボトルネックを深掘りすると「行政的手続き」「経理」「WEB広告の運用」などが出てきました。

「方法論の検討」のとき、このように1つの事を深掘りしていくことも必要です。視点を広げて他の方法も数多く出させる方法と、1つの方法論の深掘りをしていく方法と、その2つを並行して進めていくのが良いと思います。

それでは、面談を受けたBさん、いかがですか?

B:もっと「理想の解像度」を上げないといけないと感じました。理想を「目の前の短期的な理想」と「少し先の理想」の2段階に分けた方がよいと思いました。
そこがはっきり区別できていなかったために、それぞれの理想に近づくステップを明確にできなかったのかな、と思っています。自分が目の前の事に捉われすぎていると感じました。
質問を受けてみて、「ボトルネックを探す」という行動ができていないことに気づきました。
自分の思考が短絡的で「これとこれしかできないから、今はできない」と思い込み、視点を広げることができていなかったとわかりました。

Aさんの面談の中で、何か気づいたこととか、こんなところが良かったとか、もう少しこうしてほしいと思っていることはありますか？

B：深掘りしてもらい、自分の頭の整理ができたと思います。できれば「理想像の解像度」を上げるような質問をしてもらえたら、理想像が明確にイメージでき、現状との比較ができて、理想に向かうための方法論も出せたのではないかと思います。

私からAさんにお伝えしておきたいことがあります。今メモを取っていましたが、できるだけメモを取らず、相手の顔を見るようにしていただきたいと思います。

メモを取っていると目線が落ち、相手のことを見ることができなくなります。耳で聞いているとはいえ、それは「正しいヒアリング」ではありません。相手が話しているとき、顔を見ないでその言葉だけ聞いているので、その言葉の奥にある感情とか表情から伝わってくるものが見えていないのです。

ぜひ訓練を重ねていただき、15分ぐらいの面談内容であれば、全部頭の中に記憶し、オウム返しして「ここからもっと広げていこう」とか「ここが一番の原因だから深掘りしていこう」とか、臨機応変にできるようになってください。

もしメモを取るとしても、紙は見ないで手だけで書き、必ず相手の顔を見るようにしてください。

また、Aさんは、質問したり話をしているときの表情は非常に豊かなのに、聞いているときは、ほとんど表情がありません。相手によって捉え方は違いますが、「Aさんはつまらなさそうにしている」と思う人もいるかもしれません。

A：真剣にメモを取っているからでしょうね。

ぜひ、注意してください。

A：確かに、黙っているとけっこう怖いと言われます。

【ワーク②】B社長がA社長に面談「経営に社員を巻き込んでいくためには？」

では、バトンタッチしてやってみましょう。今度は、まずAさんから現状と理想をきちんと伝えてもらいます。Bさんは、理想に近づくための方法を、Aさんから引き出し、まとめてフィードバックし、最後に自分なりの助言があれば提供してください。15分間、やっていきましょう。

時間の確認もしながら進めていただければと思います。

B：今、感じている課題を教えてください。

A：社員一人ひとり、個別に会社を評価してもらうなかで「自分の会社経営が独り相撲だった」ことを痛感させられました。自分では「社員と一緒に経営する」ことを実践していたつもりでしたが、社員はそう思っていなかったのです。これからどう社員を巻き込んで行くのか課題だと思っています。

B：社員の「会社に対する評価」はどうだったのですか？　それに対してAさんはどのような評価を理想としていたのですか？

A：社員の「会社に対する評価」は、私が思ってもみなかったほど低かったのです。私が伝えていたつもりだったことが、社員にはまったく伝わっていませんでした。ふだん「これをやっておいてね」と言った趣旨が、全然伝わっていなかったのです。
今、自分が経営に限界を感じている理由はこのあたりにあります。ただ、何が問題なのかまだ見えていません。今の理想は、まずその問題を把握し素直に受け入れた上で、問題解決に向けて方法論を検討していけるようになることです。

B：現状、その理想と比較して足りないものは、具体的にありますか？

A：**私が「会社としてやっている」と思っていたことが、他の社員にとっては「社長に言われてやらされている」ことになっていました。**
「私の独りよがり」だったのです。「会社がやっている」という形に持って行くためには、まず社員に心の底から納得してもらわないといけないと思っています。
こちらから一方的に伝えているだけで、本当は社員に伝わっていなかったので、そこが自分の課題だと認識しています。
何をしたら伝わったのかずっと考えていて、まずあまり会社にいないという根本的なところを変え、定期的に会社にいる時間を作ろうとしています。
これまで社員が少ないので定期的なミーティングはしていませんでしたが、必ずやることにしました。管理部門は週1回、事業部門は月1回、社長の口から、経営数字をはじめ、想いや取り組みなどについて、話をしていきたいと考えています。
B：それ以外に、今、やろうと考えていることはありますか？
A：週1回のミーティングでは時間が足りないので、回数を増やそうと考えています。また、コロナ禍があったので、外部との接触機会が多い私は社員と別の部屋にいるのですが、レイアウトを変えて社員の近くにデスクを置こうと思っています。
B：レイアウトを変更して接触する機会も増やせば、自分の「会社に対する評価」と社員の「会社に対する評価」とのギャップを小さくするという理想に近づいていけそうですか？

A：まだ取り組み始めたばかりなのでわかりませんが、社員との会議や面談を増やせば、会社に対する理解は深まるのではないかと考えています。その上で、ゆくゆくは社員が自走するような形にもっていきたいと思っています。

B：社員との面談や接触を増やす以外の方法を、考えたことはありますか。

A：社員に信頼してもらう、社長に興味を持ってもらう、という意味合いで、社員に誕生日プレゼントを渡しています。もし喜んでもらえるなら、今期からお手紙もつけようと思っていますが、まだできていません。結局それも後回しになっています。

B：誕生日プレゼントはいいですね。

会社をもっと知ってもらうとともに、社長であるAさんに対する理解を高めることも課題かなと感じています。何か考えているアプローチはありますか？

A：**今まで自分を知ってもらいたいとアプローチしてきましたが、最近はまず自分が社員を知らないといけないと思うようになりました。**

パワハラやセクハラになってはいけないと社員のプライベートに触れることを避けてきましたが、神経質になり過ぎていたかもしれません。

そうやってこちらから社員との間に壁を作ってしまうのではなく、プライベートな部分とも関わりを持ち、社員との信頼関係を構築していこうと思い直しています。**第2講の「マズローの5段階欲求の説明」のときに話に出た「業績を上げるなどして承認されないと、受け入れてもらえない会社」ではなく、「何を言っても無条件に受け入れてもらえるような会社」にしたいと考えています。**入社した社員に対しては、家族のように「全部責任持ってあげるぐらいの覚悟を見せていきたい、その表現方法も考えていきたい」と思っています。今までちょっと間違っていた部分があるのではないかと感じています。

B：理想に対してのアクション、非常に考えられていると思いました。週1回会議を開いたり、レイアウト変更して物理的な距離を縮めたり、接触を増やして会社を知ってもらったり、誕生日プレゼントを渡したり、社員のことを理解しようとされていたり、解決に向けた具体的なアクションがあってよいと思いました。社員を知っていくために実際に行動する予定はあるのですか?

A：アクションのアイデアはあるのですが、まだ実践できていません。物理的な机の位置は今すぐ変えるのは難しいから、週1回ぐらい社員の部屋へ雑談しに行く程度になりそうです。「誕生日のお手紙」については、昨年末以降に入社した方たちの履歴書を管理者に預けたまま見ていないので、もう1回誕生日を把握し直し、既に飛ばしている人のフォローもしようと思っています。

あらためて、もう少し社員のことや会社の事を考える時間のウエイトを高くして、スケジュールを見直していかなければいけないと思いました。

B：かなり具体的な行動までお考えなので、そこをやれば理想に近づくと思います。

A：考えているだけで実行が後回しになっています。これがまた課題です。

―フィードバック―

はい、ありがとうございます。ここまでにしましょう。今度はBさん、やってみていかがでしたか？

B：今回は、理想像をはっきりさせるところを意識しました。

理想像に対して足りないところを聞くと、既に具体的な行動まで考えられていたので、とてもやりやすく感じました。ただ「助言の提供」に関しては、自分なりのアドバイスを付け加えることができませんでした。「もうこれだけやることが決まっていたら、助言はなくてもいいのかな」と思いながら、終わりました。

はい、そういうケースもあります。**必ず助言しないといけない、ということではありません。もうこれで大丈夫だなと思ったらそこで終了し、次の「計画作成」に入っていってもかまいません。**

Aさんは、どうでしたか？

A：自分が社員をもっと知らなきゃいけない、結局伝えているつもりが伝わっていない、ただの自己満足で終わっていたということを、あらためて認識しました。

結局やらなきゃいけないことは、やはりお互いの信頼関係の構築であり、その点ではいろいろなアイデアを出すことができたと思います。

また、社員に関心を持っていることが伝わるにはどうすればいいのか、悩んでいます。それが伝わりすぎたら、逆に「気持ち悪い」と引かれるのではないかと思い、踏み込んできませんでした。そのあたりのバランスがまだ掴めていません。

また、アイデアを出しても実行に移すかどうかは「自分が受ける側になってみたらどう思うか」よく考えて取り組みたいと考えています。

Bさんの面談の進め方については、何かコメントありますか？

Ａ：そうですね。むしろ、引き出す質問をあまりせず、沈黙してもらった方がもっとアイデアが出てきたかもしれません。
また、自分の出したアイデアは偏っているのではないか、と懸念しています。「自分でも気づかない自分の中のアイデア」というのは、どういう質問をしてもらったら出せるのか教えてほしいです。

それでは、そのことも含めて、私の方からフィードバックします。

Ｂさんは、下に目線が落ちることもなく、相手の表情を見ながらやり取りをしていました。途中で要約をして相手に伝え、その上で「他にもないですか？」という形もできていました。とても良い流れだったと思います。

助言するところに関しては、本当にそれで大丈夫だと自分自身思え、相手も十分に出したと思っているのであれば、あえて助言する必要はありません、絶対にしないといけないということではありませんので、間違えないようにしてください。

全体的によくできていたと思いますが、厳しいことをあえて言えば、既にＡさんの中で考えついていることがそのまま出てきただけともいえます。違う視点で質問して、新たな行動や気づきを与えるところまではいきませんでした。

今回の例で言うと、会社に対する評価が社長と社員で全然違うので、そこをすり合わせいくということを、会社のゴールとして設定しました。しかし、本当は、会社ではなく、Aさんに原因があるのかもしれません。そこの深掘りをしていくと、もっと色々な視点が出てきたかもしれないと思います。

Aさん自身、最後に、考えついても実行ができないという話をされていました。もしかすると、その中に今まで社員に伝わらなかった理由があって、問題の解決方法やゴールに近づくための方法論が隠れているのかもしれません。そこを掘って欲しかったというか、幅を広げて欲しかったと感じています。

やはり、アイデアが出てきても、それをどう行動に移すかというところの行動制限が、もしかしたら本当の課題なのかもしれませんね。表面的に出ている課題は会社に対する評価がこれだけ違っていたということですが、表面化した課題と本当の課題が違うということかもしれません。

大事なこと

・指示、命令ではなく、相手が出した方法論を、あくまでも「補完する」アドバイスを行う

第8講

STEP 6　計画の策定

本講では、出てきた数多くの方法論や与えた助言を、次の面談までに具体的にどう行動に移していくのか、単独で行うのかサポートが必要なのか、などを決めていきます。また、途中で観察すべきことや、報告を受けるべきことなども設定します。

本講の目的
- 面談相手の理想像に近づく方法論を確実に実行するための計画の立て方を知る
- 次回の面談までにやるべき重要な項目を知る
- 面談が効果的に行えたかどうかのチェック項目を知る

「計画の策定」で大事なことは、方法論を出させて助言をした後、そのまま放任してしまわないことです。

大量に方法論を出してもらい、助言を提供した後「もうこれでいいね、大体やることはわかったね」と放置してしまってはいけません。このタイミングでは、具体的に何をすればいいのか、確固たるイメージが構築できていないので、行動に移ることができないのです。必ず、具体的で明確な計画を策定してください。

とにかく、やることを決めてもらいます。できるだけ行動に移しやすく、すぐに結果が出やすい、成功体験を積ませやすいものを選びます。その上で、しっかりとそれを後押しし、必ずそこに導いていけるように、それが達成できるように、サポートをしていきましょう。

相手がやると決め、こちらも助言し、やろうとしていることを信じてください。放任してしまうのではなく、その行動がゴールに向かっていくのを後押ししてください。

このSETPでの具体的なアクションは次の3つになります。

1つ目は、STEP4で出てきた方法論、STEP5で提供した助言をきちんと確認し、それをスケジュールに落としていきます。

全部並行してできる場合もあれば、その中からどれか選択してやる場合もあるでしょう。すぐに着手できるものもあれば、長期スパンで取り組むものもあると思います。

何を選び、それを時系列でどういう形で進めていくのか、「何を」「いつまでに」「どのように」やるのか、しっかりと相手に考えさせながら、次の面談までの行動計画やサポートする内容を明確にイメージさせ、一緒に決めていきます。

２つ目は、次の面談までの相手との関わりやサポートについて、その必要性と必要なら内容を決めます。

面談者が直接関わりやサポートをしないのであれば、誰がそれを行うのかを決めてください。方法論としてやることを決めたとき、単独でできることもあれば、サポートが必要なものもあります。サポートが必要なら、そのサポートの内容、関わり方、サポートする人物を含めて決めてください。

３つ目は、次の面談までのチェック項目を設定し、報告の約束を取り付けることです。

理想像に近づく行動を取りながら、何を観察するのか、どういうところをチェックするのか、決めていきます。また、何をどのように報告してもらうのか、やると決めたこと、実際にやった内容とやった結果をどう伝えてもらうのか、報告の内容とその受け方を、双方合意の上、取り決めていきます。

このとき、面談者である経営者や幹部社員には「設定した目標（期待値と理想像をすり合わせしたところ）に必ず連れて行くんだ」という強い思いを、必ず持っていただきたいと思います。

出てきた方法論をどのように計画に落として行動に移させるのか、何を観察してどのように報告を受け、どのようにサポートすれば、理想像へ連れて行くことができるのか、相手と一緒に徹底的に考えましょう。

面談が終わるころ、「こんな行動を取って、このようにサポートを受け、このように観察してもらい、このように報告をすれば、必ずそこにいけるだろうな」という確固たるイメージを、面談相手が持てるようにしていただきたいと思います。

1．行動がすべてを変える！ 理想像に近づくための方法論をいかに整理し実行に移させるか

それでは、方法論として検討した内容と助言したことを、具体的にスケジュールに落とし込んでみましょう。そして、単独でできることとサポートが必要なこと、何を観察し、何を報告してもらうのか、できればそこまで決めてください。

念のため、第6講でも解説しましたが、面談のやり方についておさらいしておきます。

【面談される方】

仕事でもプライベートでも良いので、今問題だと感じている状況を説明してください。その

上で、どんな状態が理想なのか、お聞かせください（ゴールは、面談する側とすり合わせをする必要はなく、自ら設定していただいて構いません）。


【面談する方】

その理想像に近づくためにどんな方法論があるのか、できる限り多く引き出してください。途中で方法論が出てこなくなった場合でも、すぐに終了するのではなく、沈黙を活用したり少し対応を促したりして、存分に相手から引き出してください。

十分に方法論を引き出したら、それをまとめて相手に伝え、確認を取ってください。

その上で、あくまで「補完する」形で、助言を与えてください。


今回のワークでは、方法論として検討した内容と助言したことを、具体的にスケジュールまで落とし込んでください。そして、単独でできることとサポートが必要なこと、何を観察し、何を報告してもらうのか、できればそこまで決めてください。

つまり、ＳＴＥＰ４～６まで一気にやっていただく形になります。

【ワーク①】 B社長がA社長に面談「タイムマネジメントがうまくいかない」

前講では、方法論を出して助言するまで15分間でやっていただきました。今回は計画策定と観察と報告まで、20分間でやってみてください。

Aさん、どんなことについて面談してほしいのか、伝えていただいていいですか？

（※このワークのテーマは、第4講の98頁と同じです。そこではSTEP2の「事実確認／原因のヒアリング」までで終了しましたが、ここでは最終のSTEP6「計画の策定」まで一気にやっていただきます）

A：自分のタイムマネジメントですね。時間にゆとりがなく、心にもゆとりがなくなっている気がしています。

理想的にはどんな状態になったらいいですか？

A：タイムマネジメントがうまくいっていなくて、やりたいことが全然できていません。スポーツジムや自分の学びの時間など、やりたいことをやる時間が取れるようになりたいと思っています。

Bさん、この後をお願いします。まず、ラポールの形成や時間の確認をして「こんな問題があると聞いていますが、現状どんな感じですか?」という形で聞き取りを始め、どんどん進めていってください。

STEP2　事実確認／原因のヒアリング

B：はい、わかりました。Aさん、最近、お忙しそうですが、大丈夫ですか?

A：今、基本「先約優先」ですべて受け入れているのですが、頼まれることが多過ぎて、制御しきれなくなっています。断る勇気も必要じゃないかと思うようになりました。

STEP3　期待値の伝達／理想像のすり合わせ

B：タイムマネジメントが課題と聞いていますが、一番の理想的なライフスタイルというのはどんな感じですか?

A：最近、曜日を決めてルーチン化するやり方もいいなと思うようになり、月曜を「ミーティングの日」としてすべての会議を集中させ、他の予定を入れないようにしています。

B：ルーチン化できていないものは、仕事とプライベート、どちらが多いですか?

A：今、何が仕事で何がプライベートか、分けられなくなっています。「仕事が遊びで、遊びが仕事」という感じです。たとえば「健康を維持するための運動」は「経営者の仕事」ともいえるし「プライベートな趣味」でもあります。
あらためて何がやりたいのか、見直す必要を感じています。それがわかれば、断るものとやるものを分けられるような気がします。
B：その「健康維持のための運動」はルーチン化できているのですか？
A：いえ、できていません。睡眠時間も毎日3～4時間ですね。3時間を切ると明らかに頭の回転が悪くなります。

ヒアリングのテクニック：「おうむ返し」

B：「健康維持のための運動」もできず、睡眠時間も不足しているのですね。その他に、これをやる時間が欲しいというものはありますか？
A：今までは、週1回程度、誰とも約束しない、誰にも予定を言わない「自分タイム」を確保してきましたが、最近では、月に1回、それも半日くらいしか「自分タイム」を取れていません。頭の中がリセットできず、頭がだるくて重い感じです。

STEP 2　事実確認／原因のヒアリング

B：今、「自分タイム」が取れなくなっている理由は何でしょうか？

A：緊急事態の対応をしているうちに「自分タイム」がなくなっています。本当は優先順位が高くないことに、時間を食われているのかもしれません。

STEP 4　方法論の検討

B：理想は「自分タイム」や「健康維持のための運動」に時間を確保できることですが、そのための時間を作る方法として考えていることはありますか？

A：実は、先ほど、この3ヶ月間、何に時間を使っていたのか、ざっくり棚卸をしてみました。その結果、この期間中、これまでやってきたことと新しくやっていきたいことが、ちょうど重なっていたことがわかりました。だから余裕がなかったのです。今後は、これまで付き合ってきた人との時間を減らし、これから付き合いたい人との時間を増やしていこうと思いました。

STEP4　方法論の検討（方法論を深掘りする質問）

要約のスキル

B：なるほど。理想と現状のギャップを埋めるやり方として、まず現状の棚卸をする、次に、これまでやってきたことと将来に向けてやりたいことを区分けする、一つひとつに優先順位をつけ、今後やらないか時間を減らすことを決め、将来に向けて今後やりたいことの時間を作る、そうやって理想を実現しようとしているのですね。

B：その他に、何か時間を捻出する方法を考えていますか？

A：減らすことを考えるより先に、絶対やることを決め、それ以外は先約順にし、その月に予定が入らなければ翌月に回そうと思います。「健康維持のための運動」のような、絶対自分が確保したい時間を先に固めてしまおうと考えているのです。

STEP6　計画の策定

B：まず優先事項を決めると言われていましたが、1カ月後に向け、どんな感じでスジュールに落とし込みますか？

A：知人の経営者にお聞きしたら、1年半先まで予定を決めていると言われました。その人の優先順位は、①家族、②自分、③仕事、だそうです。ある程度成功されているからできるのでしょうが、どうしても自分でないとできない会社のこと以外は、まず家族と自分のプライベートを全部埋めていき、その前後に仕事をするそうです。なるほどと思いました。私も一応、自分の予定を確保した上で、最低３ヶ月前でないと予定を調整できないという形にしているのですが、結局、人から誘われると、自分の予定を後回しにして調整してしまいます。「タイムマネジメントができない」のではなく「自分との約束が守れない」のです。

B：その経営者のように１年半先まで予定を決めるというのは、Aさんの理想に近い感じなのですか？

A：そうです。たとえば、家族や自分の誕生日は、何が入ってきても受け付けず、自分の時間と家族の時間は固定してしまおうと思っています。どうしても断れない予定が入ったら同じ週の中で調整し、その時間を絶対確保するようにします。

スケジュールに落とす：「何を」「いつまでに」「どのように」

B：どれぐらい先まで決めますか？

A：３ヶ月先から半年先ぐらいまででしょうか。優先順位を決め、「自分との約束を必ず守る」という覚悟を固め、まず「健康維持のための運動」の時間を確保します。

―フィードバック―

いったん終わりましょう。25分経ちました。Bさん、やってみて、どんな感じでしたか？

B：最後の「スケジュールに落とし込む」ところでは、どんな感じで設定すればいいのでしょうか？　相手に設定してもらうのか、自分からいつまでにしましょうと言って決めていくのか、曖昧なまま、何となく進めてしまいました。3ヶ月後にまた面談しましょうと、次回の予定を決めた方が良かったのでしょうか？

そこが曖昧だったから、モヤモヤした感じになったと思っているのですね。

B：はい。また、解決策をいくつか出してもらったのですが、これをこのようにやりましょうという明確な助言はできませんでした。

そうですね。助言（STEP5）はあまりなかったかもしれませんね。

B：これとこれをやると優先順位を決め、スケジュールに組み込み、ルーチン化しましょうと明確に決めた方が、お互いに良かったのではないかと思います。

良い気づきですね。他にはありますか？

B：他の視点で引き出すという手法を活用できませんでした。

それも聞ければよかったですね。では、Aさん、面談を受けてみていかがですか？

A：自分が考えて行動も起こしている部分については、「何を」「いつまでに」「どのように」ということは既に決めているので、それに基づいて進めていきます。

Bさんの面談に関しては、自分では思いつかない方法を自分の中から引き出してくれる、いわば「変化球」の問いかけがほしいと思いました。

この先も「自分との約束を守る」という点が、解決のポイントになるのだろうなと感じました。

以前もそこで止まっていましたね。そこを深掘りすればよかったかもしれません。

Ａ：タイムマネジメントができないわけではないと思っています。今までも自分の予定を先に入れ、時間を確保するようにはしてきました。けれども、人から誘われると、ついその予定をずらしてしまうのです。「人との約束は守る」のに「自分との約束は守れない」のです。「自分との約束」を固めてしまうのは無理かもしれません。急遽入ってきた断り切れない予定を、「自分との約束」の時間に絶対に入れないということが、本当に自分にできるのか、自信がありません。

ここでいったんストップし、私からＢさんへフィードバックします。

今、Ｂさんがやった面談は、ほぼ「状況確認」で終わっています。既にもうＡさんが考えてやっていることを引き出しているだけなのです。

どんな質問をされたら違う視点が出てくるのか、今やっていることをもっと深掘りできるのか、これが今回のＢさんの課題です。

最後にまた「自分との約束が守れない」という本質的な問題が出てきました。

まず、この本質的な問題に早く気づかせることです。

次に、そこを解決するためにどんな方法論が必要なのか、相手からできるだけ多く引き出すことです。

そして、その方法論を実際に行動に移すために、どんな計画をどのように立て、誰がどんなサポートをするのか、何を観察し何を報告してもらえばその方法論が実現に近づくのか、面談の中で決めていってください。

自分で状況確認して話しているうちに、自分で気づいて行動に移せるAさんのような社員はほとんどいません。こちら側ができるだけ早く、本質的な原因に気付かせ、それを解決する方法論を考えさせ、計画に落とし、行動に移すように、きっちりサポートしてください。

【ワーク②】　A社長がB社長に面談「のめり込めるような趣味を見つけたい」

では、選手交代してやってみましょう。

B：今回の課題は、今「のめり込む」ような趣味がないので、それを見つけたいということです。それを見つけることができれば理想的です。

はい。それでは20分間、やってみましょう。また、Aさん、面談の最初に「時間の確認」を必ずしてください。20分の間にきちんと終わるようにしてください。

STEP2　事実確認／原因のヒアリング

A：今までは、何か「のめり込む」ような趣味はありましたか？

B：以前、社会人リーグで本格的にあるスポーツをやっていました。「のめり込む」ような感じでした。でも引退してからは全然やっていません。

A：「のめり込む」というのは、どういう状態ですか？

B：自分が本当に楽しくて次回もやりたくてしかたがない状態ですね。やることによって、心身ともにリフレッシュになるのです。

STEP2　事実確認／原因のヒアリング

A：さきほどのスポーツにのめり込むきっかけは、何だったんですか？

B：大学時代に誘われてやり始めたのがきっかけですね。目標に向かってみんなで頑張るというのが刺激的でした。

A：「刺激」とか「みんなで」という「チームワーク」の要素がよかったのでしょうか？

B：「刺激」というのはありますね。本気でやらないとできないし、できるようになると面白いし、刺激にもなります。「チームワーク」もそうですね。確かに1人でやるよりチームでやる方が好きですね。

STEP 3　期待値の伝達／理想像のすり合わせ

A：今、理想とする「のめり込みたい」趣味とはどういうものですか、どういう時間が取れたら理想的だと思いますか？

B：やはり、優先順位が高いのは仕事と家族なので、週に1、2時間ぐらいでできるもので、なおかつ刺激的なものがいいです。

STEP 2　事実確認／原因のヒアリング

A：どういう意味合いで趣味が欲しいと思っているのですか？　何を求めて「のめり込める」趣味が欲しいと言っているのですか？

B：「この時間はこれをやるんだ」と時間を確保してまでやりたくなるような趣味が欲しいと思っているのですが、そう言いながら結局探そうともしていませんね。仕事が楽しくてそこで時間を使ってしまっています。

A：やってみないとわからないこともあるので、いろいろ試してみるのもいいかもしれませんよ。

B：確かに、食わず嫌い的なところがあるかもしれません。

A：どうします？

B：そもそも時間が取れていなくて、何がいいのか、探してもいないので、時間を取っていろいろ試してみるというのは、一つの解決策ですね。

A：やはり、体を動かす趣味がいいですか？

B：自分としては、体を動かしている方が性に合っていると思っていますが、それも食わず嫌いなのかもしれません。

A：「チームワーク」というキーワードが出ていましたが、もしかしたら、仕事以外の仲間とかコミュニティを探しているのかもしれませんね。

B：確かに、そういうとらえ方もありますね。

STEP5　助言の提供（方法論の幅を広げる質問）

A：「スポーツ」と「チームワーク」というキーワードが出てきたのですが、スポーツチームを作ってしまうと言う考えはどうでしょうか？　趣味が欲しいというのは、仲間が欲しいということなのかもしれません。その点も含めて、今後、どうしていきたいですか？

B：「趣味＝体を動かすもの」というイメージで探そうとしていましたが「趣味＝コミュニティでのめり込めるもの」というとらえ方は、新しい気づきになりました。また、自分でチームを作るという発想は新鮮でした。色々やれることがありそうだと感じました。

STEP 6　計画の策定

スケジュールに落とす：「何を」「いつまでに」「どのように」

A：仕事と違うこともやりたいと言われましたが、ご自分の理想はどんな状態になることでしょうか？　また、そのためにはどんなことができそうでしょうか？

B：今、既にあるコミュニティでもいいので、スポーツチームを探してとりあえず参加してみようと思います。

A：いつまでにやりますか？　ゴールを決めましょう。

B：夏の間、探してやってみます。まずは知見を広げてみようと思います。

A：いいですね。トライしてみてください。

―フィードバック―

さあ、そんなところでいったん終わりましょう。Aさん、やってみていかがですか。

A：本質は何なのか、「のめり込みたい趣味」という表面上に出てきたものから、そこに至る原因、それによって何を求めているのか、探っていきました。あと、自分が思いついたことに対して気づかせようとしていました。

最後の方はそうでしたね、

A：それが最後まで出てこず、収拾がつかない感じになってしまいました。

なるほど、他はありますか。

A：問いかけに対して、素直に、自分の中から何か引き出そうとしてもらえたので、やりやすかったです。また、自分との「内的会話」を自制するように気をつけました。

Bさん、どんな感じでしたか。

B：そもそも自分が趣味をどう捉えているのかということについては、全く考えていませんでした。本質に切り込んでいく質問というのはこういうことか、と腑に落ちました。最後の方で、違った視点を出してもらえたのがとても良かったと感じています。あれがまさに助言のやり方だと感じました。

「助言の提供」として、いい感じでしたね。

B：「既にあるものを見つける」という思考しかなかったのですが、違った視点で「新しく作る」という選択肢が出てきました。

ここで、Aさんにフィードバックしたいと思います。当初は「のめり込むような趣味を見つけたい」という理想像でした。Aさんは、そこで、単純にそれを見つけるためにどうしましょうという話に持っていきませんでした。

そもそも趣味をどう捉えているのか、「のめり込みたい」というのはどういう意味なのか、本当の意味をしっかり確認して本質に触れていくような質問を投げかけました。非常に素晴らしいと思います。

そういう質問をしながら本質的な問題をとらえていくことが、現状にとどまっている理由を見つけていくためにきわめて重要です。とても良いスタートでした。

その後、本質的なものが見つかったとき、自分ではこんなことをした、こんなことも考えられると投げかけていましたが、相手から本質的な問題を解決するための方法論を引き出すところで苦労している感じでした。

結局、最後は、こういうのを考えてみたらどうか、こんなことをしてみたらどうか、と、こちら側から提案して相手を納得させる感じになっていました。

どんな質問をすれば相手から方法論を引き出せるのか、最後、助言を与える程度にできるのか、そこがAさんの課題だと思います。

A：「助言」を言い過ぎていますね。あそこまで言うと「助言」ではないですね。

相手の考えを聞かずに助言し、誘導してしまっています。その方がうまくいくという自信があるからでしょうが、それをどれだけ抑え、あくまで本人から自分の意思でこうやりたい、と思うことを引き出すか、そこが課題ですね。

それともう一度言いますが、「時間の把握」が非常に重要です。20分で面談しましょうと言っているのに、25分かかっています。相手の時間もこちらの時間も大切です。20分という時間をきっちり把握して、それまでにゴールできるように、時間をコントロールしてください。

面談の一番最初のラポール形成のときに、必ず「時間の確認」と「面談目的の伝達」をしてください。

2．面談相手から読み取る！　効果的な面談かどうかを判断する言葉やサインとは？

効果的な面談が行われたら、ぜひまた面談してほしいと、面談を楽しみにしてくれるようになります。そんな状態を目指しましょう。

・**面談相手の表情や姿勢、面談者に与える波動をよく観察してください。**
効果的な面談後は、自然と表情は晴れやかになって姿勢も正され、面談者に与える波動も強くなっているはずです。

・**実際に「今日の面談はどうでしたか？」と相手に聞いてみてください。**
効果的な面談後は、必ず生き生きと話をしてくれます。

よく出てくる言葉としては「やることが明確になりました」「非常に行動しやすくなった」「ゴール設定もできてゴールに近づくことができそう」「すっきりしました」「やる気がみなぎってきました」「たくさんお話ができてよかったです」など自分がやるべきことのイメージができている状態になるはずです。

3. 次回面談までにチェックするべき5つの重要項目とは？

1. 面談の最後に決めた観察項目・報告項目を文書化し、チェックする
2. チェックしたデータを集計し、次の面談の準備資料とする
3. 直接、間接の関わりやサポートを約束通り行い、結果に繋がるように後押しする
4. 次の面談時に伝える「期待値」を考える
5. 常に相手のより良い姿を追い求める姿勢を持ち続ける

特に、4つ目について、あらためて確認します。

必ず、次の面談時に与える期待値をきちんと考えておいてほしいのです。

何度もお伝えしたように、まず、現状が「プラスマイナスゼロの状態」だとして、これを「プラスの状態」に持っていくようなゴール設定をします。次の面談は「そこに向けて行動してそこに近づいているか、ゴールに到達した状態」で行われます。

今度は「その時点がプラスマイナスゼロの状態」だとして、またその次の面談時には「さらにプラスの状態」に持っていけるように、期待値を伝えないといけません。

そのために、必ず、次の面談時まで観察したり中間報告を受けたりしながら相手の状態を把握し、前もって次の面談時に伝える期待値を想定しておいてください。

大事なこと

・自分たちは何を期待されているのか？
・自分たちの仕事の進め方は正しいのか？
・より良い状態に改善するためには、何をすれば良いのか？
これらを知るのは社員の権利であり、それを伝えるのは社長や幹部社員の責務です。

第9講

面談の実施（「面談準備シート」と「面談評価シート」）

1．面談を効果的に進める「面談準備シート」の作り方

これから、実際に面談してみようと思っている方を想定して「面談準備シート」を作成してもらいます。

それでは、何を書くのか、具体的に説明していきます。

①面談の対象者

ここには、具体的に誰なのか、どのような関係の人なのか、書いてください。

②面談の目的

なぜ面談するのか、どのような課題があるのか、それはその人自身の課題なのか、あなたとその人との関係の中での課題なのか、そういうことも含めながら、どういう目的で面談を行うのか、

目的を明記します。

③面談の日時・場所

「場作り」も含めて、記入してください。面談にふさわしい場所はどこなのか、いつそれを行うことにして、どのようにその面談の日時を相手に伝達するのか、記入してください。

④面談に用意するもの

１つは「場作り」のため、この場の空間を作るために用意するものです。たとえば、飲み物でも用意しておこうかとか、何か他にもこういうものがあったら面談を効果的に行えそうだという「場作り」「場の空間作り」のためのものを記載してください。

他は、ＳＴＥＰ２の「事実確認／原因のヒアリング」をするために用意する、現状把握をするための客観的な資料です。

記録として残っているもの、観察して得られること、会話を通して得られることなど、どういうものを用意して臨むのか決め、書き込みます。

【面談用準備シート】

面談の対象者	
面談の目的	
面談の日時、場所	
面談に用意するもの	
面談する上での注意点	

●面談のステップ

step1. 事前準備	
step2. 事実確認／ 原因のヒアリング	
step3. 期待値の伝達／ 理想像のすり合わせ	
step4. 方法論の検討	
step5. 助言の提供	
step6. 計画の策定	

⑤面談をする上での注意点

これも、相手によって、目的によって、変わってくると思います。

1つは、自分のスタンス、心構えなど、留意する点です。

たとえば「相手の成長を心から願う」といったことを書きます。

その他、たとえば「相手の意見を聞かずに、自分がやってほしいことをすぐ伝えてしまってはいけない」とか「相手の方法論をたくさん引き出す」とか、自分が面談の途中で陥りがちな問題点などを書いておきましょう。

面談を終えた後の注意点、たとえば「面談の最後にはこういうことをしないといけない」とか「最後はこんな形で終わろう」とか、そういうことも記載しておいてください。

それから、ここまでの5項目と重複するところもあるかもしれませんが、STEP1からSTEP6の欄には、もう少し細かく、一つひとつのSTEPでどういうことを準備しておいた方がいいか、あるいは、どんな事を注意しておいた方がいいか、STEPごとに、書いてください。

STEP1　**事前準備**

たとえば、ラポールを築くのが苦手な人は、どんなリラックストークから入ろうかとかを決めておいた方が、導入時、緊張せずに面談を進められると思います。ラポールを築くための具体的なトークを考えておいてもいいですね。
それから「事実確認」するために用意する具体的な資料は、どんなものを揃えておくのか、「事前準備」として何が必要なのか、もう一度細かく洗い出しておくとよいと思います。特にそういうものを書かなくても大丈夫だという方は、ブランクにしておいてください。

STEP2　事実確認／原因のヒアリング

たとえば「ここではヒアリングのスキルをちゃんと発揮しないといけない」とか「要約のスキルを発揮しないとダメだ」とか「質問のスキルを発揮しよう」とか自分の不得意なところを注意点として、書いておきましょう。もちろん問題がなければブランクで結構です。

STEP3　期待値の伝達／理想像のすり合わせ

ここは必ず書いてもらいたいところです。相手に期待値として具体的に伝える内容、これを「Iメッセージ」で書いてください。
期待値を伝える「Iメッセージ」の具体的な文章を考えて記載しておくと、効果的に期待値を伝え、相手の理想像とのすり合わせができると思います。必ず記述してください。

ＳＴＥＰ４　方法論の検討

ＳＴＥＰ２と同様、とにかくヒアリングスキルを発揮するとか、展開のスキルによって方法論をたくさん出させるとか、そういう注意点を書いてください。展開のスキルというのは、他にはないか？　と繰り返し聞いて、どんどん幅を広げていく方法です。

ＳＴＥＰ５　助言の提供

ここに必ず書いてもらいたいのは、具体的な「助言」です。文章で考えておいてほしいと思います。どんな助言が必要なのかというのは、いろいろ現状把握したり、相手の方法論を聞いたりしないと、出てこないこともあります。

けれども、いろんな面談の準備をしていく中で「これだけは絶対に伝えておきたい」「現状からより良くなるためにはこういうことをした方がいい」というものが出てくることは少なくないと思います。

それを書き留めておき、もしそれが本人から出てこなければ、ぜひ助言として提供してください。ただし、あくまで「相手から出てきた方法論を補完するような形」で伝えましょう。

STEP6　計画の策定

ここでは、多種多様な方法論が出てきて助言もした上で、それをどう選択させ、どう分類し、どう実行に移させるのかということが重要です。

「単独でできることと、サポートがないとできないことに分類する」とか、「すぐに取りかかれるものと、少し時間が必要なものとに分けていく」とか、メモしておきましょう。

実際にスケジュールに落としていくときには、そういうことも考えながらスケジュールに落としていく必要があります。そして、そうやって決めた事を必ずやらせ切る、コミットさせて最後までやらせることが重要です。

その他、注意点として「小さなことからコツコツと成功体験を積ませるような計画作りをする」といったことを書いてもいいと思います。これも、目的と相手の力量に合わせてどういう計画策定をしていけばいいのか、あらかじめ自分なりに考えておくべきことの1つです。

まず手始めに、想定している面談対象者一人ひとりに対して、この「面談準備シート」を作ってみてください。1人10分くらいが目安です。

準備シートを完成したら、実際に面談を実施しましょう。

このように準備をして考えてやってみたことが実際にどう相手に影響を与えたのか、面談してみてうまくいったこと、うまくいかなかったことは何か、面談しながら疑問に感じたこと、質問

【面談用準備シート：Ａ社長の面談】

面談の対象者	40代男性、将来の役員候補
面談の目的	どんな上司になりたいか考えてお互いに共有し、今後どうしていけばいいか行動計画を作成する
面談の日時、場所	日時：毎週月曜の定期ミーティング後 場所：なるべく他の社員が通らないところ
面談に用意するもの	リラックスしてもらうためのペットボトルのお茶など 「なりたい上司像」「なりたくない上司像」のメモ
面談する上での注意点	対象者はふだん口の重いタイプなので、気さくにしゃべりやすい「場づくり」を心掛ける

●面談のステップ

step1. 事前準備	「なりたい上司像」「なりたくない上司像」のメモ イエスセットやリラックストークを考えておく
step2. 事実確認／ 原因のヒアリング	先入観をもって相手を見てしまうところがあるので、自分を空っぽにすることを心掛ける
step3. 期待値の伝達／ 理想像のすり合わせ	自分の期待値を押し付けないように、慎重に相手の理想像とのすり合わせを行う
step4. 方法論の検討	我慢できずにしゃべってしまうので、話す割合を、自分：相手＝２：８とか１：９になるように、相手の話を引き出す
step5. 助言の提供	すぐに自分の考えに誘導してしまうクセがあるので、十分に相手の話を聞くように注意する
step6. 計画の策定	忙しいからといって相手を放任してしまわないように、常にこまめに相手に目をかけ、約束を守らせる

【面談用準備シート：B社長の面談】

面談の対象者	30代女性　施設運営スタッフリーダー候補者
面談の目的	売上拡大のために、自分で目標を設定させ、自分で考えて行動してもらうこと
面談の日時、場所	日時：対象者の空いていそうな時間帯を狙う 場所：相手が緊張しない、周囲が気にならない場所を探す
面談に用意するもの	リラックスしてもらうためのペットボトルのお茶など 売上金額／売上数量データ（月別、商品サービス別、顧客別）
面談する上での注意点	対象者は自己防御のため感情的になりがちなので、ラポールを形成し、安心感を醸成して話しやすい「場づくり」をする

●面談のステップ

step1. 事前準備	「事前準備」というよりは「場づくり」の注意点 「面談」という言い方をせず、「雑談」的な軽い感じで声掛け 「カウンセリングポジション」の位置に座る
step2. 事実確認／ 原因のヒアリング	単なる状況確認に終わらないようにする、質問のスキルを発揮して、原因を深掘りし、考えられる原因の幅を広げる
step3. 期待値の伝達／ 理想像のすり合わせ	「売上拡大のため、自分で目標を設定し自分で考えて行動してくれると、対象者もスキルアップでき自分も嬉しい」と伝える
step4. 方法論の検討	質問やヒアリング、要約や展開、沈黙のスキルなどを総動員し、できるだけ多く、具体的な方法論を対象者から引き出す
step5. 助言の提供	自分の「新規客向けの斬新なイベント」というアイデアを、あくまで「対象者が考えた方法論を補完する形」で提案する
step6. 計画の策定	具体的に「いつ」「何を」「どのように」実施するのか、 スケジュールに落とし込む、行動と観察項目を決定する 常に目をかけ、約束を守らせる

したいと思ったことは何か、相手はどんな反応をして自分の中にはどんな感情が沸き起こったのか、そして自分にどんな変化があったのか、色々な気づきや感想などをメモしておき、次回以降の面談に生かすようにしてください。

最初からパーフェクトにうまくいくことということは、まずないと思います。実は、私も、いまだに「ここはこういうふうに進めたらよかった」とか「こういうことをちゃんと期待値として伝えた方がもっと良かった」と常に模索しながらやっています。このＰＤＣＡの繰り返しが重要です。ぜひそのことを頭に入れながら、面談を実施してください。

2.「面談準備シート」作成の際によく出る質問と解答

Q 事前想定と異なる展開に――準備していた助言は変えても大丈夫？

ＳＴＥＰ５の「助言の提供」のとき、あらかじめ具体的な助言を考えて書いておくというお話がありましたが、実際には、面談をしてみて初めて、助言ができるのかどうかわかる可能性が高いと思います。

面談が自分の想定していた方向へ行けばいいのですが、そうならない場合もあると思います。その場合は、事前に準備していた助言は使えなくなるので、その時は臨機応変に考えて助言すればよいのでしょうか？

A 「必ず伝えたいこと」を事前に確認し、それに基づいてアレンジする

事前準備で様々な資料を揃えると、「予断」はしてはいけませんが、大体今こういう状況でそうなっているのはこういう理由だという「予測」がつきます。

その段階で、ある程度、こちらの期待値としてこうなってほしいというものが出てきます。その期待値は、相手が望むものかどうかわかりませんが、そこをすり合わせてゴールを設定することになります。

であれば、こちら側の「予測」とこちら側の期待値（ゴール）が、曖昧ながらわかるので、そこに行くためにはこうした方がいいという方法論も色々と出せるはずです。

実際には、その方法論を面談で相手から出させるわけですが、事前にこちら側でも「絶対にこういう事をやった方がいい」「こんなことを勉強した方がいい」「こんなことを行動として起こした方がいい」ということを、できるだけ多く用意しておくのです。

本当は、相手が考えつきそうなことも含めて、相手以上に多様な方法論を考えておくのが理想です。

そうしておけば、その中から「これは言っていなかったから伝えておこう」という助言を「相手

の言ったことを補完する形で」すぐに出せます。そうなれば、極めて充実した面談になるでしょう。

Q 「原因」が出てこない場合、どのタイミングでこちらから聞く？

30分の面談の中で、時間配分の目安はありますか？

「STEP2　事実確認／原因のヒアリング」で、相手からどうしても「原因」が出てこなかった場合、何分ごろになれば、こちらからそれを言っていいでしょうか？

A 面談設定時間の半分を過ぎても出てこなければ聞く

面談の時間を30分と設定していますが、実際には10分でやる場合もあれば、40分、1時間かける場合もあります。そこで、面談全体を100として、その時間配分の目安をお伝えします。

「STEP1　事前準備」面談前の準備なので面談時間に入れない
「ラポール形成」0・5〜1割
「STEP2　事実確認／原因のヒアリング」4割
「STEP3　期待値の伝達／理想像のすり合わせ」0・5〜1割
「STEP4　方法論の検討」3〜4割

「STEP5　助言の提供」0・5〜1割
「STEP6　計画の策定」1割

質問の答えとしては、面談時間の半分ぐらいまでは、相手から「原因」を引き出すように努めていただければと思います。

基本的に、相手がしゃべっている時間帯が圧倒的に多くなります。

理想は、このような準備シートがなくても効果的な面談ができることです。ただ、そうなるまでは、必ず1回1回、準備シートをきちんと作成した上で面談する癖をつけてください。

3. 面談実施報告とフィードバック

ここで、A社長、B社長が「面談準備シート」を作成し、実際に面談を実施した事例を発表していただき、それに対するフィードバックをしていきたいと思います。

Bさんの事例発表

Bさん、面談を実施してみて、いかがでしたか？

Ｂ：うまくいったこととしては、言いやすい面談の雰囲気や場作りを心がけ、ふだんの会話と同じような雰囲気で話してもらえたことです。今までは、かしこまった雰囲気になってしまい、話しづらそうでした。

今回は、面談という言い方をせず「ちょっと話す時間もらえる？」と軽い感じで声を掛け、座る位置にも気を配って、しっかり場作りしたことが良かったと思います。

ただ、面談の目的は、どう売上を上げていくか、自分で目標を設定させ自分で考えて行動してもらうことでしたが、これはうまく行きませんでした。

期待値は「Ｉメッセージ」で伝えたものの、全然具体的な方法論を引き出すことができず、結局、私が言ったことが実行内容になってしまいました。

相手から「これをやりたい」という方法論が出てこなかったので、結局、本人のやる気を引き出すこともできませんでした。

実際に面談してみて、具体的な方法論を引き出して深掘りしていくのは、とても難しいと実感しました。

時間は30分以内に終わり、懸念していた「相手が感情的になる」という場面もなく、面談の雰囲気としては良かったと思います。

Aさんのコメント

それでは、Aさん、Bさんの発表に対してコメントをお願いします。

A：方法論を引き出し、やる気を出させるのが難しいというお話でした。自分に置き換え、こういうところで質問力が問われる、どういう角度で質問したら引き出せるのか、と思いながら聞いていました。Bさんは具体的にどんな質問をしたのですか？

B：たとえば売上を伸ばすための方法として出てきた答えが抽象的だったので、具体的にどうするのかという質問をしました。ターゲットや具体的な手段を聞き、他に手段はないか、問いかけていきました。

A：単に一つの方法論を進めるための手段を聞くだけではなく、全然違う方法論を聞いてみてはどうでしょうか？　富士山を登るのにも一つの道だけではなく他の道もあります。他の道を引き出すようにすると、また見え方が変わるのではないかと思います。

B：私も、そもそも売上を上げるためには、ただ売りつけるのではなく、顧客の課題や悩みの解決策として商品やサービスを提供するべきですよね、という話をしました。少し説教臭くなったかもしれません。そんなことはわかっています、という感じで、ムッとした顔をされてしまいました。

Ａ：たとえば、顧客が喜んで満足してもらうためには何が必要なのか、何をすればいいのかというところまで、遡って考えてもらってはどうでしょう？　それを考えていけば、結果的に売上を上げるところに繋がっていくのでは？

Ｂ：確かにそうですね。お客さんにとって何がいいのかというところから考えてもらうのは「あり」ですね。たぶん、そこのところで共通認識を持てていないのだと思います。話し合う必要がありますね。最初から売上目標を追うのではなく、結果的に売上になるという感じですね。

はい、そこまでにしましょう。良い気づきとアドバイスでした。Ｂさん、Ａさんのご意見聞いていただいて、いかがでしたか？

Ｂ：やはり、目先のところを急いでいた部分があるかもしれないと感じました。具体的にどう自分で決めてどう行動してもらうかというところにフォーカスしていたので、そもそもなぜそういうことをするのかという点を伝えきれていませんでした。

講師からのフィードバック

私からもフィードバックします。Aさんが言ってくれたように、まず目的を期待値の中に盛り込んで面談を進めていけば、もしかするともっと様々な方法論が出てきたかもしれません。それは、面談の目的と期待値をどう設定するのかということに関わってくるので、今後面談するときに注意して決めていただきたいと思います。

また、Bさんが目的を設定して具体的な方法論を引き出そうとしたとき、それが出てこない理由は、「原因のヒアリング」が、色々な切り口で、きちんとできていないからだと思います。

今この売上でとどまっている原因は何なのか、具体的な行動の問題なのか、本人の意識の問題なのか、顧客をどう喜ばせるのかというところに視点が行っていないからなのか、そういった原因をできるだけ数多く引き出すことができていますか？

もしそれができていれば、その原因を一つずつ潰そうとしていくうちに、自ずから、たくさんの方法論が出てくるはずです。

「原因のヒアリング」と「方法論の検討」はセットなのです。

ところで、その後、Bさんがこのようにしたらどうかと言ったことに対して、モニタリングはしっかりできていますか？ 実際に具体的な行動に移して、売上は上がっていますか？

B：今、そのアクションを進めていってもらっているところです。1ヶ月後には評価できる予定です。

本人が出した方法論でなくても、やろうと決めてやっていることに対しては、遠慮せずチェックや報告、次回面談に向けたデータ収集を進めてください。

Aさんの事例発表

A：来年管理職になっていただきたい方と面談しました。これから管理職として育てていきたいと考えているので、何回かのシリーズで面談していく予定です。

まず、管理職の心構えについて面談しました。面談の目的は、どんな上司になりたいか考えてお互いに共有し、今後どうしていけばいいか行動計画を作成していくことです。相手から「なりたくない上司もあげた方がいいですかね」と言ってきたので、それもお互いに出し合うことにしました。

実際に面談してみて意外に「雰囲気作り」が難しいと感じました。狭い会社で少ない人数でやっているので、プライベートな空間づくりが難しかったのです。Bさんがどうされたのか、お聞きしたいと思っています。今回は聞かれて困る内容ではなかったので、他の社員も通るところで、気さくな感じで実施しましたが、今後どんな環境でやるのかはこれからの課題です。

また、面談のサイクルというのは、どのように決めたらいいのか教えてほしいと思っています。

現時点では、毎週定期的にミーティングをしているので、その前後に面談の時間を設定したいと思っています。成果を出していくためのミーティングは、1ヶ月単位と考えています。

先日「心構えと課題の明確化」のための行動計画を作成してもらったので、1週間に1回か2週間に1回、その計画に対する進捗を確認した方がよいかと感じています。

Bさんのコメント

Bさん、いかがでしょうか？

B：僕の場合、面談の「場作り」は、社員の空いていそうな時間帯を狙って2人だけの時間を作ることが多いです。場所も、それほど広い会社ではないので、あまり相手が緊張しない、周囲の人が気にならないような場所を探して面談しました。
面談の「雰囲気づくり」については、Aさんが「気さくな、リラックスした感じ」にしたことで、ふだん口の重い相手もしゃべりやすかったようなので、それでよかったのではないかと感じて聞いていました。

Bさんのフィードバックを聞いて、何か感じたことはありますか？

A：「気さくな、リラックスした感じ」がよいのであれば、昼休みとか終業後とか色々と考えていましたが、月1回一緒に研修を受けに行っているので、そういう機会にフランクな場所で食事しながら面談する手もあるかと思いました。

講師からのフィードバック

私の方からもフィードバックします。まず、面談の場所や時間、頻度について。

まず、前提として、Aさん自身が、この面談が、その社員のためにもなり、自分のためにもなり、会社のためにもなる、非常に重要な仕事、業務の一環であることをしっかり理解し、きちんと社員に伝えてください。

面談は、いわゆる第2領域の「緊急ではないが非常に重要」な仕事です。業務時間内で実施する、必ず時間を取ってほしい仕事です。面談の目的と効果は、相手が「自律・自立型社員」になって成長し、自己実現してもらうことです。あくまで相手のためのものです。そのことを相手に伝えるとともに、自分自身にももう一度、腹に落としてください。

面談の時間は、必ず業務時間内で設定し、面談の場所や時間、サイクルも含めて事前に設定し、予定表に書き込んでください。

そのサイクルをどう設定すればいいのかというのは、目的や対象者によって変わってきます。**今後、1カ月に1回面談するのであれば、来月と再来月の日程は既に決まっているという形にしてください。**

それをしないと、緊急かつ重要な仕事の方が多いと思うので、それに忙殺されてできないとか、やろうと思ったら突発的な他のことが入ってきてできなかったとか、時間が短くなってしまったとか、ということになりがちです。

会社の外でやるのもいいと思います。外でやるということも含めて、場所や時間、時間の幅を事前に設定しておくことが重要です。

その上で、シリーズ化はもちろんかまいません。ただし、1回1回の面談の目的とゴールを明確にしてください。

その上で、次の面談までの行動として、こういうことを考えてきてくださいとか、こういう事をやっていきましょうとか、こういうことをやった上でチェックしますとか、行動計画とそのモニタリングをしっかりと固め、1回1回きちんと自分自身でチェックしていってください。そうすればシリーズ化していただいても全然問題ありません。

面談のサイクル

サイクルの件ですが、たとえば一つの効果的な型をご紹介します。第5講で、相手の短期・中期・長期の成長ビジョンを描きましょうとお伝えしたと思います。

まず最初に、少し時間をかけて面談してもらい、長期の成長ビジョンに基づいて期待値を伝えた上で大きな行動計画を作ってください。

その後、中期あるいは短期のビジョンに対する面談に落としていきます。

短期ビジョンに対する面談を行った後に、そのモニタリングのための面談、簡単な確認をしたり報告を受けたりとかする、ごく短い面談をやるのです。

最初の長期の成長ビジョンに基づいた大きな行動計画を作るのは、半年に1回とか1年に1回でいいと思います。

その後の中期とか短期でやっていくことに関しては、大体3ヶ月に1回か、内容によっては1ヶ月に1回でいいと思います。

モニタリングのための面談は3分とか5分とかでいいので、毎日やるか最低でも週に1回やる感じです。

面談をきっちりやろうということになれば、そういう形になります。全部できたら一番いいですが、全部できないのであれば、目的と対象者を考えて、Aさんなりに決めていってください。

A：会社としての面談に対する心構えができていなかったことに思い当たりました。この面談は第2領域のところなのに、つい緊急度の高い仕事に流されやすいことに気付きました。**面談の設定が難しいと思っていましたが、実は緊急度に流されているだけでした。**

それでは、お二人の事例発表が終わりましたので、最後、一言ずつ、気づきや感想をお願いします。

B：フィードバックをもらえるというのは、気づいていないこと、見えていないことを指摘してもらえるので、とてもありがたいと思いました。また、面談のスキルというのは、ふだんの会話や色々な場面で使えることがわかってきたので、しっかり身に付けてあらゆるところで実践していきたいと思います。

A：私も、フィードバックをもらうと、自分を客観的に俯瞰できるので、実践的でよいと思いました。心構えのことを言いながら、自分自身の心構えができていなかったことも気づかせてもらえました。

あらためて、この「すごい面談Ⓡ」は、面談手法と言いながら、実は、幅広く活用できるコミュニケーション手法であることがわかりました。

環境作りをして関係を作っていき、本人を変えようとするのではなく本人に気づいてもらって、本人の中にあるものを引き出していく手法なのですね。

そのとき、方法論を引き出せない、出て来ないというのは、原因のヒアリングがしっかりできていないからだというところも、非常にわかりやすかったです。

４．「面談評価シート」の使い方

「面談評価（採点）シート」という資料について解説します。

「ＳＴＥＰ１　事前準備」における「場づくり」から始まって、「ＳＴＥＰ２　事実確認／原因のヒアリング」「ＳＴＥＰ３　期待値の伝達／理想像のすり合わせ」「ＳＴＥＰ４　方法論の検討」「ＳＴＥＰ５　助言の提供」「ＳＴＥＰ６　計画の策定」に至るまで、どういう項目でどんなことができないといけなくて、どういうことがあるとうまくいかないのか、チェックポイントを一覧表にしています。これを事前に確認した上で、面談に臨んでください。これらは、面談士の資格試験のときのチェック項目にもなっています。

【面談評価（採点）シート】

	テーマ	項目	点	評価ポイント	減点要素
1	場づくり	迎え方	5	メラビアンの法則を原則に相手に与える第一印象が良い	腕組み、足組み、しかめっ面、着座のまま
		ラポールの形成	5	面談前から社員を判断したり、色眼鏡を掛けずに面談をスタートさせている（見えない部分）	レッテルを付けて相手を評価判断している（見えない部分）
			5	YES セット、リラックストークなどで場を和ませた後、今日の面談の目的、進め方、時間の確認などを伝え、この場が安全・安心・自分の為にあると感じさせている	いきなり「事実確認」のステップに入る
		事前の準備物	5	面談の目的に合わせて「事実確認」を行うことができる資料を整えている	何も準備せず面談をスタートさせる
			5	面談準備シートを作成し面談の流れと注意点を確認できている	何も準備せず面談をスタートさせる
		座る位置や距離感・物理的環境	5	真正面を避けて 90 度（L 字型）、120 度（斜向かい）に適切な距離を保って座り、緊張感を感じることなくリラックスして話すことができている（パーソナルスペースというテリトリーを大切にする） コロナ禍であればパーテーション、音漏れのしない環境、周りの騒音がきにならないなど、面談に集中できる環境を整えている	上記の内容に配慮のない環境で面談をスタートさせる
2	事実確認／原因のヒアリング	評価せずありのままに事実を示しているか	5	面談の目的に合わせて「事実確認」を行うことができる資料にある事実や数字を感情抜きで冷静に伝えることができている	予断や先入観を持って事実や数字を見ているので、事実確認をするときに良い悪いの判断をしながら伝えてしまう
		現状のヒアリングが十分にできているか	5	どんなに見当違いの内容が出てきたり、攻撃的な事を言ってきても（問題の原因を自分以外に求めたり、言い訳をしたり、自己弁護することはよくある）決して反論したり判断したりせず話を聴くことができる	話の途中で遮ったり、被せてこちらの話をする 苛立ちや感情で揺れを表情に出す
			5	話が一旦途切れたら「〇〇の所をもう少し教えてくれるかな」などの質問で話を深掘していくか、「他にはあるかな」などの質問で話しを広げて相手に十分話をさせることができる	相手の話に興味を持つことができず適切な質問もできないので、話の深堀りや広がりをみることができない
			5	相手の表情、しぐさなども観察しながら言葉に出ている内容だけではなく、気持ちを聴くことができている、心で聴けている、クリアに聴けている（見えない部分）	次に自分が何を言おうかなどと考えて、十分に話を聴けていない（見えない部分）

			5	ヒヤリングにおける様々なテクニックを効果的に使えている（うなずき、相づち、笑顔、アイコンタクト、オウム返し、ペーシング、ミラーリング、要点をまとめるなど）	テクニックを駆使できず相手を責めている印象を与えたり、相手を委縮させている
3	期待値の伝達／理想像のすり合わせ	期待値を「Iメッセージ」で効果的に伝えられているか	5	相手に伝える期待値は、そこに到達することで本人や周りに与える良い影響と、伝えた側の気持ちや感情を加えた「Iメッセージ」で効果的に伝えられている	ただ相手に期待することを「命令」のような形の「YOU メッセージ」で伝える
		相手の理想像とのすり合わせが出来ているか	5	こちら側の期待値をIメッセージで効果的に伝えるだけではなく、そのことに対する相手の思いと相手が理想とする姿を聴き取り、こちら側の期待値とすり合わせをおこない、向かうゴールを設定することができている	こちら側の期待値を押し付けて相手の考えや理想の姿を確認したり、すり合わせをしない
4	方法論の検討	すり合わせた理想像（ゴール）に向かうための方法を相手から十分に引き出せているか	5	相手が考える方法論を引き出すことに集中して「他にはないですか」というフレーズを繰り返して沈黙し、数多く方法論を出させることができている 相手から出てきた方法論が見当違いだと感じても判断せず数多く出させている	相手の考えた方法論を否定したり途中で遮ったりして「もっと良い方法がある」と伝えてしまう
5	助言の提供	引き出せた方法論を補完する形で助言を与えているか	5	助言は相手が出した方法論と全く違うものではなく、相手が出した方法論を補完する形で助言を行い、それを取り入れるかどうかも相手に委ねている	こちら側が考える方法論を押し付け、命令に近い伝え方をする
6	計画の策定	引き出せた方法論と与えた助言を時系列で計画に落とし込みができているか	5	先ほど決めた方法論を時系列で計画に落とし込み、単独でできること、サポートが必要なことであればその内容を決めている 次の面談までのチェック項目と報告の約束を取り付けている	方法論を引き出しただけで面談を終了する
		その計画がWhen、Who、Howと具体的に落とし込めているかの確認	5	この面談で決めたことを再度相手に確認し話をさせ、本人の中でやることが明確になっているかを確認している	やることとスケジュールを決めて確認せずに面談を終了する
7	その他	面談のステップを正しく踏めているか	5		
		時間配分を考え、時間通りに面談を終えられているか	5		
		面談の前後で相手の表情、姿勢、面談者に与える波動（見えない部分）が良く変化しているか	5		
8	総 評				
	合 計		100		

①場づくり

「**迎え方**」

面談を始めるときの相手の「迎え方」では、メラビアンの法則を思い出し、相手に与える第一印象に十分気を配っていますか？　見た目が非常に重要です。腕を組んだり、足を組んだり、しかめ面をしたり、着座したまま迎えたり、そんなことはしていないでしょうか？　絶対にやってはいけません。最初の「迎え方」は、非常に重要です。

「**ラポールの形成**」

見えない部分ですが、面談前から社員を評価したり色眼鏡をかけたりレッテルを貼ったりして面談をスタートさせていませんか？

ＹＥＳセット（ＹＥＳと3回言わせる）やリラックストークで場を和ませてから、この面談の目的・進め方・時間の確認などを伝え、その場が「安全・安心・自分のための場」であると感じさせていますか？　いきなり「事実確認」のＳＴＥＰに入っていないか、注意してください。

「**事前の準備物**」

面談の目的に合わせて「事実確認」を行うことができる事前の準備資料を整えていますか？

先ほど学んだ「面談準備シート」を作成し、面談の流れと注意点を確認できていますか？　何も準備せずに面談することがないようにしましょう。慣れてくれば、こういう準備をしなくてもできるようになっていくと思いますが、最初は必ず用意してください。

「座る位置や距離感、物理的な環境」

できれば真正面は避け、90度か斜向かいに適切な距離感を保ち、緊張感を感じさせることなく、リラックスして話ができるようにしているでしょうか？　パーソナルスペースというものがありますので、あまり近づきすぎるのも問題です。

それから、感染症対策が必要であれば、パーテーションを準備したり、秘密を守るために音漏れのしない環境を用意したり、相手の状況とか目的によって、面談に集中できる環境を整えていますか？　周りの雑音が気にならず、騒がしいときの方が話しやすいという人もいるでしょう。お酒が入っている方が話しやすい人もいると思います。臨機応変に対応してください。そうした配慮なしで面談をスタートすると、なかなか相手が心を開いてくれないということになりがちです。

②「事実確認／原因のヒアリング」

【評価せず、ありのままの事実を示しているか】

面談目的に合わせて事実確認を行う資料の数字・事実を、感情抜きで冷静に伝えることができていますか？　つい「予断」をもって事実や数字を見てしまい、事実確認するとき、良い悪いの判断を交えながら伝えてしまいがちです。決してやらないようにしましょう。

たとえば、あるレポートの数字を伝えるとき、どうしてこんなに悪い数字なのか？　と最初から問い詰めるような言い方になっていませんか？　実は、逆も駄目なのです。この数字はすごくいいねなどと言ってしまっていませんか？　そう言ってしまうと、相手もこちらも、それ以上成長しなくてもいいような気持ちになってしまいます。今よりさらによくなって成長してもらうという「すごい面談®」の目的から外れてしまいます。

感情抜きで冷静に事実や数字を確認しているか、チェックしてください。

【現状のヒアリングが十分できているか】

どんなに見当違いの内容が出てきたり、攻撃的なことを言ってきたり、問題の原因を自分以外に求めたり、言い訳をしたり、自己弁護したりしてきても、決して反論したり判断したりせずに、話を聞いていますか？

話がいったん途切れたら「○○のところをもう少し教えてくれるかな」などの質問で話を深掘りしていくか、「他にはあるかな」などの質問で話を横に広げて、相手に十分話をさせてください。相手の表情や仕草なども観察しながら、言葉に出ている内容だけではなく、気持ちを聴くことができていますか？　心で聴いていますか？　クリアに聴いていますか？　見えない部分ですが、そういったきめ細かな配慮が必要です。

ヒアリングにおけるテクニックが色々ありました。うなずき・相づち・笑顔・アイコンタクト・オウム返し・ペーシング・ミラーリング・要点をまとめる、などです。こういったテクニックを駆使しながら、相手の話を引き出せているでしょうか？

話を途中で遮ったり、かぶせてこちらの話をしたり、苛立ちや感情の揺れを表情に出したりしていませんか？

相手の話に興味を持つことができず、適切な質問もできないので、話の深掘りや広がりを引き出すことができない、そんなことになっていませんか？

次に自分が何を言おうかを考えて相手の話を聞いていない、そういうことに陥りがちですが、大丈夫でしょうか？

テクニックを活用できず、相手を責めているような印象を与えたり、相手を萎縮させたりしていませんか？　そんなことをすれば、すべてがぶち壊しです。決して効果的な面談にはならないと断言できます。

③期待値の伝達／理想像のすり合わせ

【期待値を「Ｉメッセージ」で効果的に伝えられているか】

相手に伝える期待値を、「そこに到達することで本人や周りに与える良い影響」と「伝えた側の気持ちや感情」の２点を加えて、「Ｉメッセージ」という形で、効果的に伝えられていますか？

【相手の理想像とのすり合わせができているか】

こちら側の期待値を「Ｉメッセージ」で効果的に伝えるだけではなく、そのことに対する相手の思いと相手が理想とする姿を聞き取り、こちら側の期待とすり合わせを行い、向かうゴールを設定できていますか？

ただ相手に期待することを命令のような形で「ＹＯＵメッセージ」で伝えていませんか？　こちら側の期待値だけ押し付けていませんか？　相手の考えや理想の姿をしっかりと確認し、すり合わせしていますか？

これができていないと、面談は必ず失敗します。

④「方法論の検討」

【すり合わせた理想像（ゴール）に向かうための方法を相手から十分に引き出せているか】

相手が考える方法論を引き出すことに集中し、「他にはないですか」というフレーズを繰り返し、「沈黙のスキル」も活用し、たくさん方法論を出させていますか？

相手から出てきた方法論が見当違いだと感じても、こちら側で一方的に判断せず、大量に方法論を出させてください。ここが重要なポイントです。

相手の考えや方法論を否定したり、途中で遮ったりして「もっと良い方法がある」と伝えていませんか？　それをやっている限り、いつまで経っても「自律・自立型社員」の育成はできません。

⑤「助言の提供」

【引き出せた方法論を補完する形で助言を与えているか】

「助言」は、相手が出した方法論と全く違うものではなく、「相手が出した方法論を補完する形」で行っていますか？　その「助言」を取り入れるかどうかも、相手に委ねていますか？　こちら側が考える方法を押し付け、命令に近い伝え方をしていませんか？　それをしてしまうと、相手が「自分で考える」モチベーションをなくしてしまいます。

⑥「計画の策定」

【引き出せた方法論と与えた助言を時系列で計画に落とし込みができているか】

決めた方法論を時系列で計画に落とし込んでいますか？　単独でできることかサポートが必要なことか相手と一緒に取り決め、サポートが必要であればその内容を決めていますか？　次の面談までのチェック項目を決め、報告の約束を取り付けていますか？

その計画は「いつ」「誰が」「どのように」やるのか、具体的に計画に落とし込めていますか？　また、面談で決めたことを再度相手に確認して話をさせ、本人の中でやることが明確になっているか、チェックしていますか？

方法論を引き出しただけで面談を終了したり、やることとスケジュールを決定・確認せずに面談を終えたりして、相手を放任していませんか？

これらのツメが甘いと、それまでやってきたことがすべて、水の泡になりかねません。

あくまで面談自体が目的なのではなく、面談を通して、結果を出していく、相手を成長させていくことが目的なのです。そのためには、具体的できめ細かな計画策定とそのフォローアップが必須です。

⑦その他

【面談のＳＴＥＰを正しく踏めているか】

面談を正しく、ＳＴＥＰ1から6まできちんとやっていますか？

【時間配分を考え、時間通りに面談を終えられているか】

限られた時間の中で、時間配分を考えて、時間通りに面談を終えられていますか？

面談の前後で相手の表情・姿勢・面談者に与える波動（見えない部分）がよりよく変化していますか？

第10講 「すごい面談®」を練習してみよう

面談の練習

1. テーマ・目的を設定して、模擬面談を行う（「面談準備シート」を作成していればその内容、なければその場で設定してスタートする）
2. 1人が面談を行い、他のメンバーは「面談評価シート」を参考にして、面談者にフィードバックを行う
3. 時間は15分でできるところまで

本講では、テーマ・目的を設定して、模擬面談を行ってもらいます。こちらで模擬面談事例を2つ、用意しています。どちらかを選び、2人1組になって、面談していきます。なお、今回はこちらで用意していますので「面談準備シート」をあらたに作成する必要はありません。

1人が面談を行う面談者、もう1人が面談される相手になってください。他に参加メンバーが

いる場合は、面談者を評価する「評価者」をお願いします。

面談相手（と評価者）は、「面談評価（採点）シート」に基づいて、面談者にフィードバックしてください。フィードバックではできるだけ多く良い点を拾い上げるようにしましょう。そして最後に「あえて言えば、ここをもう少しこう変えていくと、もっと良くなったと思います」と改善点を伝えてください。面談者自身も、自分の面談に対する自己評価を行ってください。

面談時間は15分とします。「すごい面談®」の6STEPのうち、できるところまでやってください。できれば、時間配分や進め方に注意して、15分間で最後のSTEP6まで完結できるように頑張りましょう。

それでは、次の2つの事例のうち、どのテーマで面談するか、決めてください。

なお、今後、今回のテーマではなくご自身のテーマで模擬面談をする場合は、ぜひ、模擬面談のルールを守って実施してください。

模擬面談のルールとは、第4講でお伝えした、①自己開示する、②評価しない、否定しない、③秘密を守る、④自分事として考える、の4項目のことです。


さて、早速ですが、Aさんが「ライオンズクラブの会員増強」、Bさんは「最近休みがちの社員との面談」というテーマで、今回は「Aさんと西のペア」「Bさんと西のペア」の2パターンで、模擬面談を行っていただきます。

1. 模擬面談事例①　クラブ会員の増強

①**面談の目的**：ライオンズクラブの会員増強
②**現在の状況**：会員12名、ここ数年増加なし
③**目標とする状況**：1年以内に15名

それでは、Aさんから始めましょう。Aさんが会員として面談者になり、会長である私を面談相手として、面談を行うイメージです。Bさんは「面談評価シート」に基づき、Aさんの面談を評価してください。

今回は、事前準備なし、ラポール形成から始めてください。時間は15分です。

場づくり

A：今日は暑いですね。
西：暑いですね、本当に。毎年暑くなりますね。

【面談用準備シート：面談事例①】

面談の対象者	ライオンズクラブの会長
面談の目的	ライオンズクラブの会員増強：１年以内に15名 会員12名、ここ数年増加なし
面談の日時、場所	●月●日●時、ライオンズクラブの会議室
面談に用意するもの	コーヒーや紅茶などの飲み物のほか、面談準備シート、会員名簿、他会員へのヒアリング情報などの客観的資料
面談する上での注意点	相手が会長だからといって委縮せずに行う

●面談のステップ

step1. 事前準備	面談準備シート、会員名簿、他会員へのヒアリング情報など 「場づくり」：ラポール形成と、面談の目的、時間の確認
step2. 事実確認／ 原因のヒアリング	質問やヒアリング、要約や展開、沈黙のスキルなどを総動員し、増加しない理由を探る
step3. 期待値の伝達／ 理想像のすり合わせ	目標とする状況：１年以内に会員数15名 （「Ｉメッセージ」で伝える）
step4. 方法論の検討	質問やヒアリング、要約や展開、沈黙のスキルなどを総動員し、深掘りし幅を広げた方法論を、相手から引き出す
step5. 助言の提供	すぐに自分の考えに誘導しがちなので、十分に注意する あくまで「対象者が考えた方法論を補完する形」にする
step6. 計画の策定	具体的に「いつ」「何を」「どのように」実施するのか、 次の面談（１ヶ月後まで）の行動と観察項目の決定 面談した後に放任せず、こまめにフォローする

STEP2　事実確認／原因のヒアリング

A：ところで、今回の面談は、ライオンズクラブの会員増強について、お聞かせいただければと思います。現在の会員数は何人くらいですか？

西：正会員は12名で、あと賛助会員や終身会員、出て来られない方も含めると全部で30名ぐらいです。

A：ここ数年、会員数の増減はどんな感じでしょうか？

西：この数年はプラスマイナスゼロです。入ってこられる人もいますが、何らかの理由で辞めていかれる方もおられるので、結局、増えていません。

A：どうして増えていかないのか、思い当たることはありますか？

西：1人は病気で長期入院して退会されました。別の方は会社の業績が非常に悪化して、賛助会員になられました。この数年、転勤とか色々な理由でやめていかれるケースが多いですね。

A：やめていかれる方の会歴はどんな感じですか？

西：やめていかれる方は、会歴が浅い5年未満の人が多いですね。

STEP3　期待値の伝達／理想像のすり合わせ

A：会員増強の目標はどれくらいですか？

西：今年中に15名にはしたいですね。それぐらい人がいないと予算が組めないいんです。
A：現在12名だからプラス3名ですね。一方で、退会率はどんな感じですか？
西：まだ決定ではないのですが、今年1年で2人ぐらい減りそうなので、純増でプラス3名にしようと思ったら、今年中にあと5名入れないといけません。今年度、残り10ヶ月で5名の新入会員が必要です。

STEP4　方法論の検討

A：そのために、どうしますか？
西：まず、今まで通り、メインのボランティア活動を一生懸命やることで地域に貢献し、地域の方々の中で一緒にやりたいと思う方にPRしていきます。これが王道です。
また、最近ようやくクラブ単独のパンフレットを作ったので、これを使った活動をしたいと思っています。私の力だけでは難しいので、正会員の12名や賛助会員、現在参加できていない方にも協力してもらおうと思っています。
A：パンフレットを使って認知度を高めていくのですね？　他に、認知度を上げて増強につなげるような方法はありますか？
西：直接「ライオンズクラブの例会に来てください」と誘うのではなく、まず色々なクラブ活動に参加してもらうことを考えています。
ボランティアのイメージが強いので、堅苦しい、敷居が高い団体と思われているようです。ボランティアと関係のないゴルフや小旅行、グルメツアーなどの親睦活動も多いことを、もっとアピールしたいと思います。

STEP5　助言の提供

A：あと「増強」でいうと、「増やす」の部分だけではなく、「強める」部分も必要かと思うのですが。
西：一番集まる機会が多い例会を、いかに充実した楽しい勉強になるものにできるかが最も重要だと考えています。今期は、この例会の1時間半にどんなイベントを入れていくのか、今まで以上に検討を重ねていきたいと思っています。
A：会長は、例会の中身に対してどんなニーズがあるか、把握されていますか?
西：講師役のような人を呼んで、勉強になる例会にしてほしいと言う声を聞いています。単独ではなく合同例会を増やそうという声も出ていますね。
A：認知を広げて、親睦活動のような堅苦しくない面も知ってもらい、会員向けには例会の充実を図ったり、合同例会を積極的にやったりするということですね。

また、合同例会で、メンバーやその知人友人に講師になっていただいて学びの会をやるというのも、参加意欲が高まっていいかもしれませんね。

STEP6　計画の策定

A：1ヶ月後の面談に向けてどういう形で計画を立てていきましょうか？

西：次の例会で、メンバー全員に先ほどのパンフレットを配りながら趣旨を説明して、PRをお願いしたいと思っています。それから、1年間のイベント計画をしっかり立て直し、特に合同例会と、メンバーや知人も含めた講師役を設定していきたいと思います。

A：ありがとうございます。1ヶ月後、進捗を聞かせていただきたいと思います。

面談練習のフィードバック

素晴らしい面談でした。では、Aさんの自己評価をお願いいたします。

A：評価シートを見ながら面談しないといけないのですが、うまくできませんでした。また、もっと具体的な期待値を明確に提示した方がよかったと思います。また、手元でストップウォッチを持って面談していたのですが、もう「計画策定」のSTEPに入らなければと焦り、相手の言葉を遮ってしまいました。

いいところに気がついていますね。そんなところでしょうか？

では、Bさん、Aさんの面談はいかがでしたか？　気がついたところを、良かった点から教えてください。

B：「事実確認をし、理想像を設定し、方法を検討する」という面談の流れは完璧だったと思います。「方法論の検討」においても、「増やす」だけではなく「強める」アプローチを引き出すという助言もありました。その方法論も深掘りして引き出しているのは素晴らしかったと思います。

「あえて言うと、ここをもう少しこうしたらもっと良かった」点はありますか？

B：最初のところで、「時間の確認」や「安全安心」を伝えた方がよかったと思います。きちんと見ていますね。また、この評価シートでいえば「目線がしっかり合っているかどうか」

という点は必ずチェックしてください。今回はほぼできていましたが。

それでは、私の方からもフィードバックします。

非常に穏やかに面談を進め、話しやすい雰囲気を作っていました。しゃべっている割合も7：3くらいで相手にしゃべらせていました。この割合を、8：2から9：1ぐらいまで高めていただくと、さらに良い面談になると思います。

あえて指摘するとすれば、一つは「安全安心の伝達」です。今回のテーマの場合「この場は安全安心である」と言う必要性は低いとは思います。

しかし、テーマや面談相手によっては「ここでは何を喋っても大丈夫、何の評価にも影響しないので、安心して話してください」と言わないといけないケースもあります。常に「安全安心の伝達」を伝えるようにしましょう。

もう一つは「Iメッセージ」です。会員の1人として「会長にこういうことを期待しているんですよ」とか「一緒に頑張っていきましょうね」とか「会員が増えると私もすごく嬉しいです」とか言ってほしいと思います。

その言葉があれば、会員を増やすためにどんなことをすればいいのか、一生懸命考えるモチベーションになります。ぜひ、そんな「期待値の伝達」を「Iメッセージ」で伝えてください。

また、最後の「計画の策定」のところですが、もう少しやり取りをしながら「この月にこんなことをやって」「ここまでにこんなことをやって」と具体的に決めさせてください。その上で最後に「もう一度今日の面談で決まったことをおさらいで言ってください」と相手に確認を取り、面談が終わったらすぐ行動に移せるようにしていきましょう。

A：アドバイスをいただきたいのが、切り出しポイントです。新しい話を切り出そうとしたとき、相手がまだしゃべっていたことが何回かあって、相手の話を遮ってしまいました。どこでどういう感じで、次の話を切り出せばいいでしょうか？

基本的には、相手がしゃべっている途中でかぶせたり遮ったりしない方が望ましいので、相手がしゃべって少し間があいたタイミングを捉えて、次に進んでいただいたら良いと思います。

A：たとえば、時間が限られているときとか、止めないと止まらない人もいます。この場合の切り出しポイントはどうすればいいでしょう？

ここは非常に核心に触れる重要なところだという場合は、最後まで聞いてほしいと思います。

《面談評価（採点）シート：面談事例①の場合》

	テーマ	項目	点
1	場づくり	迎え方が適切か	5
		ラポール形成	4
		事前の準備物	5
		座る位置（物理的環境）	5
2	事実確認／原因のヒアリング	評価せずありのままに事実を示しているか	5
		現状のヒアリングが十分にできているか	—
		・見当違いの内容や攻撃的なことを言ってきても、決して反論したり判断したりせず話を聴く	5
		・話が途切れたら、「もう少し教えて」と深掘りしたり「他にあるかな」と話を広げたりして相手に十分話をさせる	5
		・相手の表情やしぐさも観察しながら、言葉に出ている内容だけではなく、気持ちを聴く、心を聴く、クリアに聴く	4
		・ヒアリングのテクニック（相づち、オウム返し、ペーシング、ミラーリングなど）を効果的に使っている	4
3	期待値の伝達／理想像のすり合わせ	Iメッセージで効果的に伝えられているか	3
		相手の理想像とのすり合わせが出来ているか	5
4	方法論の検討	すり合わせた理想像に向かうための方法を相手から十分に引き出せているか	5
5	助言の提供	引き出せた方法論を補完する助言を行えているか	5
6	計画の策定	引き出せた方法論と与えた助言を時系列で計画に落とし込みができているか	3
		その計画がWhen、Who、Howと具体的に落とし込めているか	3
7	その他	面談のステップを正しく踏めているか	5
		時間配分を考え、時間通りに面談を終えられているか	5
		面談の前後で相手の表情、姿勢、面談者に与える波動（見えない部分）が良く変化しているか	5
8	総評	「場づくり」「事実確認」「期待値の伝達」「方法論の検討」という面談の流れはほぼ完璧。「助言の提供」も「増やす」だけではなく「強める」アプローチとその方法論の深掘りができた。あえて言えば、「Iメッセージ」がなく、「計画の策定」のツメが甘かった	9
	合計		90

少し話が反れているとかここは核心ではないという場合は、「少しその話は置いておいて、今質問していることについて答えてくれますか？」「その話はまた今度ゆっくり聞くから」「今のこの時間の話題じゃないよね」といったコメントを挟んだ上で、次に進んだり遮ったりしても構わないと思います。

ただ「いや、それはいいから」と相手を否定するような言い方は、決してしないでください。

または、時間をもう一度確認するという手もあります。「今日の面談時間は15分しかないので、前へ進むね」という感じで進めてください。

2．模擬面談事例②　休みがちな社員への対応

①**面談の目的**：最近休みがちな社員との面談
②**現在の状況**：最近急な連絡で仕事を休むことが多く、任せていた仕事に支障が出たり、周りの社員に負荷がかかったりしている状況
③**目標とする状況**：できる限り休まずに与えられた仕事を責任を持ってやってもらえる状況

それでは、Bさんやってみましょう。
私が休みがちな社員、Bさんは管理者か会社の社長という立場で、お願いいたします。

場づくり
B：髪を切りましたか？
西：いえ、切ってはいないんです。オールバックにしているんですよ。
B：ちょっとイメチェンされた感じでいいですね。
西：ありがとうございます。
B：ところで、今日、15分ぐらい、お話したいと思っていますが、大丈夫でしょうか？

【面談用準備シート：面談事例②】

面談の対象者	製造部　若手社員　主任　○○××　最近休みがち
面談の目的	できる限り休まずに、与えられた仕事を責任を持ってやってもらう
面談の日時、場所	●月●日●時、休憩室
面談に用意するもの	ペットボトルのお茶などの飲み物のほか、面談準備シート、勤怠管理表、同僚ヒアリング情報などの客観的資料
面談する上での注意点	相手を責めているような印象を与えないこと

●面談のステップ

step1. 事前準備	面談準備シート、勤怠管理表、同僚へのヒアリング情報など客観的資料を充実させる 「場づくり」：ラポール形成と、面談の目的、時間の確認
step2. 事実確認／ 原因のヒアリング	質問やヒアリング、要約や展開、沈黙のスキルなどを総動員し、休みがちな理由を探る。最近急な連絡で仕事を休むことが多く、仕事に支障が出たり、周りの社員が迷惑している
step3. 期待値の伝達／ 理想像のすり合わせ	できる限り休まずに、与えられた仕事を責任を持ってやってもらうことを、「I メッセージ」で伝える
step4. 方法論の検討	質問やヒアリング、要約や展開、沈黙のスキルなどを総動員し、深掘りし幅を広げた方法論を、相手から引き出す
step5. 助言の提供	「あくまでも対象者が考えた方法論を補完する形」にして、何か１つでも補完するアドバイスを行う
step6. 計画の策定	具体的に「いつ」「何を」「どのように」実施するのか、 次の面談（１ヶ月後まで）の行動と観察項目の決定 常に目をかけ、約束を守らせる

西：はい。面談の件ですね。聞いていますので大丈夫です。

B：この場所は私たち2人しかいませんので、話の内容が漏れることはありません。安心して話してください。

西：わかりました。お願いいいたします。

STEP2　事実確認／原因のヒアリング

B：最近ときどきお休みされていますが、どうされましたか？

西：お恥ずかしいのですが、朝、起きられないことがあるのです。起きたらもう始業時間になっていて、そのままずるずる休んでしまっている感じです。

B：なるほど、朝、起きるのもなかなか大変ですからね。

西：そうなんです。私が1年ぐらい前にコロナにかかったのを、社長はご存じだと思うのですが、あれから体調があんまり良くないのです。自分でもちゃんと起きようと思っていますが、なぜか起きられないときがあって、そのままちょっとだるいので休ませてもらうことが、最近続いています。

B：お休みが増えてきたのは、コロナの後なんですね？

西：半年ぐらい前からだと思います。コロナのときは長期間お休みをいただきましたが、その後は普通に出てきていました。それが、ここ半年ぐらい体調が良くないことが多く、朝、起きられないときがあるのです。

B：コロナ前は、朝、起きられないということはなかったのですか？

西：その頃はなかったですね。お酒を飲んだり、ネットを見たり、ゲームをしたりして夜ふかししたとき、起きられないことはたまにありましたが、それ以外はあまりなかったと思います。

STEP3　期待値の伝達／理想像のすり合わせ

B：私には、西さんだけしかできない、西さんだからこそお願いできると思っている仕事があります。そういう業務を責任を持って完遂していただけると、会社としても非常に助かりますし、私としても嬉しいと思っています。

西さんの理想としてはどうでしょうか？　欠勤をなくして仕事を頑張っていきたい気持ちはありますか？

西：もちろんあります。少しそのための努力が足りないかもしれません。体の調子に合わせて休んでしまっているという感じです。

B：ところで、西さんだけしかできない仕事があると思っていますが、そのような専門的なスキルを高める場合、現状でまだ自分に足りていないと感じるところはありますか？

西：専門的なスキルに関して身につけたいことがいくつかあるので、会社として許していただけるのであれば、チャレンジしたいと思っています。

B：チャレンジは、会社としても応援していきたいと思います。ただ、全員支援するのは難しいので、専門的スキルのレベルや業務態度を考慮して決めることになると思います。そういうことも考えると、今お休みが続いていることについて、どう思われますか？

西：あまり良くない、改善しないといけない状態だと思っています。

STEP 4　方法論の検討

B：どうやったら改善できると思いますか？

西：あらためて考えると、やはり夜遅くまでお酒を飲んでいたり、ゲームをしていたりすると、体調が悪くなるようです。コロナ前はそんなことをしていても、朝、起きられましたが、コロナ後の後遺症が若干残っている中でそんなことをすると、起きられなくなるのかもしれません。早く寝ないといけないと思いました。

また、病院からもらっている薬はありますが、それ以外にも体調を整えるサプリとかも飲んだ方がいいかなと思っています。いいものがないか、少し調べてみるつもりです。

B：遅くまでお酒を飲んだりゲームをしたりするのをやめて、サプリを始めてみるのですね。他には、何か始めることで改善できそうなことはありませんか？

西：運動が良いと思うのですが、具体的に何をしたらいいのかわかりません。

STEP5　助言の提供

B：運動すると睡眠の質が良くなるので良いと思います。

STEP6　計画の策定

B：遅くまでお酒を飲んだりゲームをしたりするのをやめ、運動したりサプリを取っていくとして、次の面談がある1ヶ月後までに、具体的にどういうことをしていきますか？

西：まず、夜ふかしの部分です。ゲームもお酒を飲みに行くのも次回までやめてみようと思います。できるかどうか自信はありませんが、やってみたいと思います。

B：急にやめるのが難しいようだったら、週末だけにしてみてはどうですか？

西：そうですね、翌日仕事があるときはやめることにします。あとはここ数日の間にサプリで良いものがないか調べて、いいものがあれば購入してみます。

B：夜ふかしは週末だけにして、サプリも探していいものがあれば試すのですね。では1ヶ月後に状況を教えてもらってもいいですか？

西：わかりました。

面談練習のフィードバック

Ｂさん、素晴らしい面談でしたよ。まずは自己評価していただけますか？

Ｂ：最初の「時間確認」とか「安心安全」はきちんと言えました。「事実確認」は時間を取りすぎたかと思います。

最初に、理想像は管理職なのか専門職なのか明確に設定しておいた方が、深掘りして理想像を具体化しやすかったと思いました。そこを設定していなかったので、その場で組み立てないといけなくなってしまいました。

「Ｉメッセージ」として伝えることはできたと思います。

Ａさん、Ｂさんの面談はいかがでしたか？

Ａ：「時間確認」や「安心安全」「事実確認／原因のヒアリング」はきちんとできていたと思います。「期待値の伝達／理想像のすり合わせ」では苦戦しながらも引き出していました。テーマ的にもっと厳しい雰囲気になるかと思っていましたが、全体的に優しい、圧力を感じさせない、しゃべりやすい雰囲気を作っていて良かったと思います。

ここをもう少しこうすればもっと良くなると思う改善点はありますか?

A:現在休むことが多くて支障が出ている、周りの社員に迷惑をかけているという本人の自覚がないまま話が進んでいたと思います。本人はそこをどう感じているのか、今月何回休んでいるかわかっているのか、数字で言わせるという手もあったかと思います。その上で、具体的な目標として、今月はコロナの後遺症もあるので欠勤を何日以内に抑えるのか、ゼロにするのか、決めさせた方が良かったと思います。全体的に優しくていいのですが、休まないようにするという結果を出させるためには、具体的な指標を設定すべきではないかと思いました。

素晴らしいフィードバックですね。

A:今回は、実際に職場の人たちも困っているので、「YOUメッセージ」にして指示命令してもよかったのではないかと思います。そこで、他の社員に迷惑をかけているという自覚を持たせた方が良かったかなと思います。

いい気づきとフィードバックです。

私の方からもフィードバックします。最初の「ラポールの形成」「時間の確認」それから「安全安心」ここは非常に良かったです。その後もSTEPをちゃんと踏み、最終的に「理想像の設定」をした上で「方法論の検討」もいくつか考えさせ、最後の「計画の策定」もできました。行動に移せるレベルまで持っていくことができたと思います。全体として、初回にしてはとてもいい面談だったと思います。自信を持ってください。

あえて言うと、まず一つはAさんが指摘した通り、本人だけではなく周囲に色々と影響が及んでいるという話が一切出てきていませんでした。

もう一つは、何か「助言の提供」をして欲しかったと思います。休まずに出てくるために、本人が言ったこと以外に「こんなことをやってみたら休まずに出てこれると思うよ」ということですね。何か本人が言ったことを補完するような形で伝えていただければよかったと思います。「運動することが睡眠の質を高めますよ」というなら「こういうこともあわせてやってみるといいですよ」というようなアドバイスがあれば、もっと良かったと思います。でも全体として本当に良かったと思います。

Bさん、フィードバックを聞いて、いかがでしょうか？

B：確かに、この周りの社員に影響を与えているというのは、完全に抜けていましたね。その人だけを向いて、どうやって責任を持ってやってもらうかというところにフォーカスしすぎていました。しっかりと事前準備して現在の状況をインプットした上で、きちんと伝えないといけないと思いました。

また、違った視点での助言というのは難しいなと感じました。「運動」を助言しようと思っていたら、本人から言われてしまいました。そこはこれからの課題だと思っています。

「助言」というのは「絶対にこの人を休まずに出てこさせるためにはどうしたらいいんだろう」と真剣に自分事として考えていれば、きっと何か出てくるはずです。

相手がもうこれ以上考えつかないというくらい大量に方法論を出さない限り、それを相手がやるかどうかは別として「こういう事も絶対やった方がいいと思うよ」というアドバイスは考えつくと思います。

それができないのは、今回「原因のヒアリング」が余りできていなかったからです。

《面談評価（採点）シート：面談事例②の場合》

	テーマ	項目	点
1	場づくり	迎え方が適切か	5
		ラポール形成	5
		事前の準備物	5
		座る位置（物理的環境）	5
2	事実確認／原因のヒアリング	評価せずありのままに事実を示しているか	2
		現状のヒアリングが十分にできているか	―
		・見当違いの内容や攻撃的なことを言ってきても、決して反論したり判断したりせず話を聴く	5
		・話が途切れたら、「もう少し教えて」と深掘りしたり「他にあるかな」と話を広げたりして相手に十分話をさせる	2
		・相手の表情やしぐさも観察しながら、言葉に出ている内容だけではなく、気持ちを聴く、心を聴く、クリアに聴く	4
		・ヒアリングのテクニック（相づち、オウム返し、ペーシング、ミラーリングなど）を効果的に使っている	4
3	期待値の伝達／理想像のすり合わせ	Iメッセージで効果的に伝えられているか	5
		相手の理想像とのすり合わせが出来ているか	3
4	方法論の検討	すり合わせた理想像に向かうための方法を相手から十分に引き出せているか	3
5	助言の提供	引き出せた方法論を補完する助言を行えているか	1
6	計画の策定	引き出せた方法論と与えた助言を時系列で計画に落とし込みができているか	3
		その計画がWhen、Who、Howと具体的に落とし込めているか	3
7	その他	面談のステップを正しく踏めているか	4
		時間配分を考え、時間通りに面談を終えられているか	3
		面談の前後で相手の表情、姿勢、面談者に与える波動（見えない部分）が良く変化しているか	4
8	総評	「場づくり」はよかった。「事実確認」では、勤怠管理表を示して他の社員に迷惑をかけている事実を提示すべきだった。「原因のヒアリング」も突っ込みが甘かった。そのため「方法論の検討」では、あまり具体的なものが出なかった。「助言の提供」もほとんどなかった。「計画の策定」も不十分だった。	7
	合計		73

実は、会社に出て来られない理由として、コロナの後遺症的なこと、お酒を飲みすぎたりゲームしすぎたりということ以外にも、色々な理由を用意していたのです。

原因を掘り下げずに次のSTEPに移ってしまったので、方法論があまり出てこなくなってしまうのです。方法論というのは、原因として出てきた事を潰していくものなのです。「原因のヒアリング」と「方法論の検討」はセットになっているのです。

「原因のヒアリング」と「方法論の検討」のところにちゃんと時間が配分できていることが、良い面談になるポイントです。

ぜひその点に注意しながら、次回の面談をやってください。

これで、面談練習会を終わりたいと思います。何かご質問はありますか？

A：私の場合、1対1の面談より1対2という関わりの方が多いのですが、面談というのは1対2でやってもいいのでしょうか？　また、その場合に気を付けないといけないことはありますか？

逆に、絶対に1対1でしかやって欲しくない面談があります。その人の本当に深いところに触れるような面談、または、外には絶対漏らしたくないことが原因で起こっていることについての面談は、絶対に複数でしないでください。

他人に聞かれると困るということもありますが、そもそも人が複数いたら絶対に本音、本当に深いところは話しません。

「本当に安全安心なあなたのための場なんだよ」「あなたに成長してほしい、良くなってほしいから、今日のこの時間を作っているんだよ」と伝えた上で、深いところに触れる面談をしていくためには、1対1が必須だと思います。

それ以外のテーマや目的でやるときには、一人ひとりに対して、あるいはチームに対して、原因を探ったり、こちらの期待値を伝えたり、それに対する相手の理想を聞き取ってゴールを設定し、そこへ行くにはどうすればよいかという方法論をヒアリングし、私はこうすればいいと思うという助言を提供し、行動計画を策定していく、これは複数になっても、1対1のときと同じです。

A：だんだん面談とアイディア会議との区別がわからなくなってきました。

面談というのは、基本的にはその人を育てて、その人を「自律・自立型社員」として、今よりも、より良い状態にしていくために行うものです。

複数でやる会議、たとえばブレーンストーミングなどは、アイディアを出したり方向性を決めたり、チームビルディングをしたりするという別の目的があると思います。

もちろん、そこでも「すごい面談®」の色々な要素や技術は使えるものがあると思いますので、使っていただいていいと思いますが、1対1でやる面談はあくまでその人を育てるため、その人をより良い状態にするためというのが目的だと、覚えておいてください。

以上で、すべての講義は終わりです。

ぜひ、相手の持つ限りない可能性を信じ、相手の成長を願う強い気持ちを持ち、相手を必ずよ

り良いところへ連れていくという強い覚悟をもって、自ら考えて行動し意図する結果を創り出す「自律・自立型社員」を育成してください。

あなたの「すごい面談®」が、部下の未来、会社の明日を創るのです。

おわりに――体系化された面談（対話）技術は最大の投資である

一人ひとりが活き活きと輝き活躍する組織や企業、また家庭を一緒に作っていきませんか？

私は企業に必ず一人「面談士Ⓡ」、もっと言うと組織の最小単位である家庭に一人「面談士Ⓡ」を置くのが理想だと考えています。

3ヶ月に一度、たった30分の関わりで目の前の人との信頼関係を構築し、相手の可能性を引き出し活性化させることができる「すごい面談Ⓡ」。

是非、多くに人に身に付けて頂き、より良い社会作りに貢献してもらえることを願っています。

最後に、本書の執筆にあたり多くの方に支援を頂きました。

まずは長いお付き合いの中で様々な成長に繋がるテーマを与えてくださる企業の皆様、いつもありがとうございます。

新運輸株式会社　代表取締役　中島弘恵様
株式会社リリーフコーポレーション　代表取締役　大曽真奈美様
米田工機株式会社　代表取締役社長　米田寛昭様　代表取締役副社長　北川将治様

アルピン株式会社　代表取締役　村岡秀樹様　常務取締役　吉澤みゆき様

ご紹介した他にもたくさんの方々とお仕事をさせて頂きました。皆様のおかげで現在の私があります。心より感謝しております。

またこの本の土台となっている「面談士」資格取得講座修了生の皆様。

皆様との講座内でのやり取りが「すごい面談」の考え方やスキルを常にブラッシュアップさせてくれています。ありがとうございます。

また30年来のお付き合いで人としての「あり方」を魅せてくださるNPO法人子ども未来研究所　理事長柴﨑嘉寿隆さん。

「すごい面談」を身に付ける「面談士」資格講座の構築に深く関わってくださったコォ・マネジメント株式会社　代表取締役窪田司さん。

「すごい面談」を通して目の前の人の可能性を引き出し、活性化させることが天命だと気付かせてくださった天命講座主催の全真愛さん。

書籍出版を強く推し進め背中を押してくださったフロネシス・マネジメント代表　知念くにこさん。

原稿執筆にあたり多大なるご協力を頂いた中島PR代表　中島史朗さん。

出版プロセスを粘り強くサポートくださった株式会社同友館　佐藤文彦さん。

皆さんのおかげでこの本は世にでることとなりました。本当にありがとうございます。

そして最後に命の元である両親、いつも側で支え励まし続けてくれる妻、明るい未来を感じさせてくれる自立した3人の子供たち。あなた達の存在がいつも力を与えてくれます。本当にありがとう。

そしてこの本を手にとってくださったあなたへ。

この本を選んで頂きありがとうございます。感謝しています。

この本で多くの指導する側の心の不安やコミュニケーションに関する負担が減ることを心から願っています。

西　博史

【参考文献】

『人は変われる―［大人のこころ］のターニングポイント―』ちくま文庫（高橋和巳著）
『生まれ変わる心―カウンセリングの現場で起こること―』筑摩書房（高橋和巳著）
『心を知る技術』筑摩書房（高橋和巳著）
『自分を育てる―健康・不健康にはランクがある』三五館（高橋和巳著）
『スタンフォードの自分を変える教室』大和書房（ケリー・マクゴニガル著）
『すべては1人から始まる』英治出版（トム・ニクソン著）
『ティール組織』英治出版（フレデリック・ラリー著）
『経済は感情で動く』紀伊國屋書店（マッテオ・モッテルリーニ著）
『革新的な会社の質問力』日経ＰＢ社（河田真誠著）
『プロコーチのコーチングセンスが身につくスキル』あさ出版（岸英光著）
『コーチングハンドブック』日本能率協会マネジメントセンター（山崎啓支著）
『どんな部下でも成長する最強面談術』言視社（入沢紀子著）
『あなたは、なぜ、つながれないのか　ラポールと身体知』春秋社（宮台真司著）
『成果が出るチームをつくる方法』つた書房（知念くにこ著）
『最高の上司は何も教えない。』ビジネス社（森泰造著）
『人事評価制度のつくり方』あさ出版（山元浩二著）
『任せるリーダーが実践している1on1の技術』日本経済新聞出版（小倉広著）

『1 on 1ミーティングの極意』ONE PUBLISHING（本田賢広著）
『もう1人の自分』三宝出版（高橋佳子著）
『今日、誰のために生きる？』廣済堂出版（ひすいこたろう×SHOGEN 著）
『フローマインド』経営科学出版（辻秀一著）

【著者紹介】

西《にし》　博史《ひろし》

人材育成コンサルタント　ビジネスコーチ
50代、60代の経営者を中心に、社員が自立・自律して活躍するために必要な人材育成のノウハウを教える「すごい面談Ⓡ」の専門家。「面談士Ⓡ」

1961年大阪府生まれ。高校時代に起業を志し、資金とノウハウを獲得するため大学卒業後に上場企業の製薬会社に就職。３年間で資本金となる1,000万円を貯め、事業計画を練り一旗揚げようと上京し26歳で起業するも大失敗。
1994年、外資系生命保険会社に転職。営業６年、営業所長３年、支社長14年を勤める。所長、支社長のマネジャー時代、17年間で延べ約1,500名の部下と「面談」を実施。営業の中でも最も難しいと言われる保険営業で高い業績を出させてきた。マネジャーとして社員を採用・育成し始めた頃は、採用面接で活躍してくれると確信した社員が早期に営業不振により脱落し、退職せざるをえない事態を数多く経験する。それを打開するために、会社の提供するノウハウに独自のメソッドを付加して「面談」を継続して実施した結果、退職率は80％減となる。
2018年、一般社団法人相続・事業承継コンサルティング協会に理事として参画。数多くの中小企業に相続・事業承継のコンサルタントとして関わる。
2019年起業。現職の株式会社ブリングアップトークを設立。多くのコンサル先の経営者に前職で身につけた「すごい面談Ⓡ」を中心とした人材育成のノウハウを伝授。その結果、経営者の意識も社員のパフォーマンスも劇的に変化をとげさせる。今では「社員との信頼関係を構築し、会社のビジョンを協同して達成する為には、なくてはならない面談手法だ！」と、多くのクライアントから高い支持を受けている。

対話から正反合を作り出せる「元気な中小企業を育てる」をミッションに「全ての人の能力を開花させ、活力ある社会を創造する」をビジョンに日々奔走している。

≪ 講座受講者の声 ≫

新運輸株式会社　代表取締役　中島弘恵 氏

「面談士」資格取得講座を修了して気付いた事、感じた事は？	講座と次の講座までの一ヵ月をどれだけ実務に落として深く考えるかが肝だと思います。
受講前と受講後で自分自身や周りにどの様な変化がありましたか？	目の前の人を自分と同じ大事な人として関われるようになりました。

株式会社健幸プラス　代表取締役　大濵育恵 氏

「面談士」資格取得講座を修了して気付いた事、感じた事は？	社員と話す時に、段取りをして整えるクセがつきました。
受講前と受講後で自分自身や周りにどの様な変化がありましたか？	社員面談の時に活用しています。社員の成長につながる面談のコツが分かるようになり、課題を前向きに導くスキルが身につきました。

まんせい労務サポートオフィス　代表　藤原秀樹 氏

「面談士」資格取得講座を修了して気付いた事、感じた事は？	終了してからが、面談士としての学びだと思っています。
受講前と受講後で自分自身や周りにどの様な変化がありましたか？	面談時に真正面に座らないようにしたことで、自分も話しやすい雰囲気づくりができたように思います。面談を想定すると、普段の関り方にも意識を向け始めました。

株式会社オリーブの木　代表取締役　村松正憲 氏

「面談士」資格取得講座を修了して気付いた事、感じた事は？	従業員との接し方について、今までは一方的な指示・命令であったと痛感しました。また、従業員の能力開発においても漠然とした考えのみでしたので、本当にこの接し方で良いのか常に迷いながらおりました。体系的に「面談」を学べた事で迷いが無くなり、円滑なコミュニケーションを取れていると感じております。
受講前と受講後で自分自身や周りにどの様な変化がありましたか？	上記に重複しますが、従業員に対する接し方に迷いがあったのに対して、迷いなくコミュニケーションを取りながら、それぞれの能力を引き出せるようになったと感じております。また、この面談スキルは自分自身への問いかけにも有効的であると気付きました。まずは理想とする姿を具体的に考え、それに向かって行動するのみ。迷いが無くなった事で、自信を持って経営に取り組む事ができるようになったと感じています。

オンライン秘書・事務代行養成講座主催　熊谷　智 氏

「面談士」資格取得講座を修了して気付いた事、感じた事は？	①事前準備の重要性　相手をフラットに知ろうとするための思いやりだと思います ②色眼鏡禁止　ここは資格取得当初かなり難しかったですが、①の視点に立つとできやすくなります ③期待値のすり合わせ　これがいざプロジェクトが始まろうとする時、軌道修正が必要な時自分の最も不動な指針になっています。すり合わせること。 ④方法論の検討　次回受注可能性のある仕事はこれが肝になってくるので、チームメンバーとよく話し合って案出しをしたいと思います ⑤助言の提供　先日これで華々しく失敗しました・・。冷静に振り返るとボタンのかけ違いは③と④の狭間で起きていた事態でした ⑥計画の策定　私は策定後の追いかけが弱いです・・あとはやっておいてねとお願いしておいたことを放置されていたこともありまして、課題の気づきに感謝いたしました。
受講前と受講後で自分自身や周りにどの様な変化がありましたか？	①まずは感情の出どころと、なぜそれが起きるのか、どうしたらそれが起きなくなるのかの対処が順にできるようになりました。 ②①に従い、今まで見ようとしていなかった見方を一歩立ち止まってするようになりました。 ③②の結果、仕事の人間関係で明確な境界線を引くようになり、プライベートでは相手を慮ってみようという意識が芽生えました。その上で、今までできなかった自分の考えを明確に主張するようになりました。ただ、残念ながらまだ期待値をすり合わせるまでには至りません（笑） しかし、一番しんどかった家族関係に明らかに明るい兆しは出てきています。心からありがとうございます。

（医）理事長　熊澤龍一郎 氏

「面談士」資格取得講座を修了して気付いた事、感じた事は？	スタッフのために時間を使うことの重要性
受講前と受講後で自分自身や周りにどの様な変化がありましたか？	スタッフが自発的に色々な取り組みをしてくれるようになった

アルピン株式会社　常務取締役　吉澤みゆき 氏

「面談士」資格取得講座を修了して気付いた事、感じた事は？	面談はこちらの意思を伝える機会という認識を強く持っていましたが、「相手の話を聞く機会」ということの大切さを知り、歩み寄る気持ちを学びました。（これまで独りよがりだったのかと反省しました）
受講前と受講後で自分自身や周りにどの様な変化がありましたか？	「傾聴力」の大切さを意識したことで、面談が普段聞けない気持ちを聞ける機会になりました。面談される社員にとって、少しは経営側の「話を聞く姿勢」「共有しようとする姿勢」は感じ取ってもらえたのではないかと感じています。私自身、相手を知ろうとする気持ちが持てるようになりました。

株式会社 KRC 八尾支社　三田谷康弘

「面談士」資格取得講座を修了して気付いた事、感じた事は？	今までは人と話をする時そんなに興味を持たず聞いていたが、受講後は人の話を傾聴する様に努力し、人に興味を持つようになりました。
受講前と受講後で自分自身や周りにどの様な変化がありましたか？	受講時に面談した方に本当に喜んでいただき嬉しかったのをキッカケに、自分自身は人の話を傾聴出来る様になり人からは相談されるようになって来ました

2025年３月30日　初版第１刷発行

離職率が下がる！生産性が上がる‼「すごい面談®」
—１回30分で人と会社が変わる最強のコミュニケーション術—

©著　者　西　博史
発行者　脇坂康弘

発行所　株式会社 同友館
〒113-0033　東京都文京区本郷 2-29-1
TEL. 03（3813）3966
FAX. 03（3818）2774
https://www.doyukan.co.jp/

落丁・乱丁本はお取り替えいたします。　三美印刷／松村製本
ISBN 978-4-496-05752-6　Printed in Japan